Musik ist alles
und alles ist Musik

Daniel Barenboim

Musik ist alles und alles ist Musik

Erinnerungen und Einsichten

Aus dem Italienischen von Christiane Landgrebe

BERLIN VERLAG

Die Originalausgabe erschien 2012 unter dem Titel *La musica è un tutto* bei Giangiacomo Feltrinelli Editore in Mailand.

Die Gespräche wurden in der Aula der Katholischen Universität Sacro Cuore in Mailand geführt, organisiert von Prof. Paola Fandella, Direktorin des Studiengangs Ökonomie und Kulturmanagement und interfakultativer Veranstaltungen.

Der Beitrag »Wagner, Israel und die Palästinenser« sowie die Rede zur Verleihung des Willy-Brandt-Preises und die Festrede zur Eröffnung der Salzburger Festspiele wurden nicht aus dem Italienischen übersetzt, sondern liegen auf Deutsch vor.

FSC
www.fsc.org
MIX
Papier aus verantwortungsvollen Quellen
FSC® C013736

Umschlaggestaltung: ZERO Werbeagentur, München
Typografie: Birgit Thiel, Berlin
Gesetzt aus der Corporate von Greiner & Reichel, Köln
Druck und Bindung: Druckerei Kösel, Altkrugzell
Printed in Germany
ISBN 978-3-8270-1201-2

www.berlinverlag.de

MUSIK IST ALLES
UND ALLES IST MUSIK

Inhalt

THEMEN

Ethik und Ästhetik

Wenn ich mich heute zwei so wichtigen Themen zuwende, dann nicht etwa, weil ich mich in einem Elfenbeinturm verschanzen und die täglichen Probleme menschlicher Existenz vergessen will, ganz im Gegenteil: Ich tue es gerade, weil diese beiden Themen für mich immer von größter Wichtigkeit waren, nicht nur beim Musizieren oder Nachdenken über Musik, sondern auch in verschiedenen anderen Lebensbereichen. Ich möchte mich mit der in unserer Gesellschaft stets größer werdenden Kluft beschäftigen, die zwischen künstlerischer Reflexion und dem Nachdenken über die Realität entstanden ist, und der Frage nachgehen, wie man sie überwinden kann.

Das 20. Jahrhundert hat es geschafft, das Wissen zu vereinnahmen und zu parzellieren, anders ausgedrückt, die Spezialisierung hat einen Siegeszug errungen. Ich beschreibe dieses Phänomen gern als Absicht, immer kleinere Phänomene besser und besser zu verstehen: die tödliche Kombination von immer mehr Detailwissen, angewandt auf eine immer enger werdende Welt. Die Spezialisierung schenkt uns zwar in Wissenschaft, Medizin und Technologie wunderbare Ergebnisse, zugleich aber führt sie zu einer Trennung von Ideen und Fakten, die eigentlich zusammengehören. Das klarste Beispiel dafür findet sich im Bereich der Medizin. Oft liegt die Ursache einer Krankheit in einem ganz anderen Teil des Körpers als dem, der gerade untersucht worden ist.

Von der Musik habe ich das Gegenteil gelernt, nämlich wie wichtig es ist, verschiedene Ideen und Bereiche des Denkens zusammenzubringen. Ein Musikstück ist ein organisches Ganzes, in dem sich jeder Aspekt auf einen anderen bezieht. Musik kann in ihren konstitutiven Elementen nicht zerstückelt werden; eine Melodie ohne Rhythmus kann es nicht geben, ebenso wenig eine Melodie ohne Harmonie, eine Harmonie ohne Rhythmus und so weiter. Das eigentliche Wesen der Musik ist der Kontrapunkt. Ein Thema spricht mit seinem Gegenstück und wird gleichzeitig kommentiert. Wenn sich beim Musizieren ein Element vom anderen löst, verkümmert automatisch die Idee eines Ganzen. Sobald diese Gemeinsamkeit verloren geht, kann man ein Stück nicht mehr als Musik im eigentlichen Sinn betrachten. Es können dann noch interessante oder sogar schöne musikalische Augenblicke entstehen, aber einem als ein Ganzes verstandenem Werk mangelt es an Zusammenhalt, Vollständigkeit und der gegenseitigen Durchdringung aller Elemente, die aus Musik einen wichtigen und bedeutsamen Ausdruck menschlicher Existenz machen.

Meisterwerke vorzutragen ist eine Lebensaufgabe, und dazu gehört die Verantwortung, ich möchte fast sagen die moralische Verpflichtung, sich dem Werk mit voller Hingabe zu widmen. Es mag absurd erscheinen, von einer Ethik des Musizierens zu sprechen oder sogar von einer Ethik künstlerischen Schaffens. Schließlich sind wir es gewohnt, das Wort »Ethik« vor allem im Bereich der Menschenrechte, der medizinischen Forschung oder der Philosophie zu verwenden. In der Welt der Medizin gibt es zweifellos Dinge, die in den Bereich der Ethik gehören, wie etwa Euthanasie oder Stammzellenforschung. So mag es kühn oder gar lächerlich erscheinen, sich vorzustellen, dass es auch bei der Aufführung einer Sinfonie von Mozart oder bei der Komposition eines neuen Werkes ethische oder unethische Aspekte geben kann.

Schwer vorstellbar, dass ein Zuhörer sagt, die Ausführung eines Werks sei ein »Irrtum«, wie man es beispielsweise im Bereich der Politik von der Entscheidung, einen Krieg zu führen, sagen könnte. Der Vergleich ist natürlich nicht haltbar. Und doch haben Interpreten gegenüber einem Werk, dem sie sich widmen, eine bestimmte moralische Verpflichtung. Man spricht oft von explosiver »musikalischer Persönlichkeit«, und dies ist unleugbar ein wichtiger Aspekt eines Künstlers. Aber oft wird übersehen, dass die erste Pflicht eines jeden Interpreten darin besteht, ein Werk mit Aufrichtigkeit und Hingabe neu zu erschaffen, und nicht etwa, die eigene Persönlichkeit zum Ausdruck zu bringen. Gewiss ist es von grundlegender Bedeutung, dass ein Musiker eine Persönlichkeit hat. Wer zum Vermittler wird, wer ein Musikstück zum Leben erwecken will, muss eine eigene Auffassung davon haben. Es gibt einen schmalen Grat zwischen voller Hingabe an ein Werk auf der einen und der Selbstaufgabe auf der anderen Seite, wobei Letztere leicht durch eine übertriebene oder allzu dogmatische Treue zum Text entsteht. Eine Partitur ist im Grunde noch keine Musik; die Partitur besteht aus schwarzen Zeichen auf weißem Papier und erwacht erst zum Leben, wenn eine Person oder mehrere sich daranmachen, sie zu spielen. Der Interpret ist das einzige wesentliche Element eines Musikstücks, das nicht auf der gedruckten Seite steht und ohne das Musik nicht Musik sein kann. Dass nur ein menschliches Wesen Musik auf zufriedenstellende Weise ausführen kann, ist so selbstverständlich, dass es niemand leugnen kann, doch was dies im Einzelnen bedeutet, wird oft nicht verstanden. Der Gedanke, dass manche unserer »menschlichsten« und damit im Hinblick auf die Musik subjektiven Instinkte zugunsten der Musik geleugnet oder sublimiert werden könnten, ist faszinierend. Doch in der Musik ist Selbstverleugnung kein positiver Zug; sie ist ebenso wenig zu preisen wie eine arrogante Haltung, bei der man sein eigenes Ego und die eigenen Ideen über den musikalischen Gehalt eines Werks stellt. Wie bei vielen anderen Lebensumständen muss auch hier das richtige Gleichgewicht gefunden werden.

Was wird verlangt? Was ist erlaubt? Was ist logisch? Wie viel Freiheit habe ich? Was wollte der Komponist? Diese Fragen stellt sich ein Musiker Tag für Tag.

Als Interpret von Musik aus vier Jahrhunderten suche ich ständig in den Partituren nach Antworten, die mir die inzwischen verstorbenen Komponisten nicht mehr geben können. Wenn ich das Werk eines noch lebenden Komponisten studiere, wende ich paradoxerweise dieselbe Methode der Analyse an und beginne den gleichen inneren Dialog. Der Unterschied zwischen dem Studium eines berühmten Meisterwerks eines verstorbenen Komponisten und dem eines noch lebenden Musikers liegt in der Schwierigkeit, den notwendigen Grad der Vertrautheit mit dem neuen Werk zu erreichen. Bei der Annäherung an ein Meisterwerk, das man wie im Schlaf beherrscht, muss man hingegen die Kunst verstehen, sich die Frische der ersten Begegnung zu bewahren. Eine Partitur zu lesen ist ein extrem komplexer und anregender Vorgang, der keine schnellen oder endgültigen Lösungen zulässt. Die Partitur eines großen Werkes enthält zahlreiche »Lösungen«. Viele Interpreten haben ihre eigenen Ansichten, und jeder einzelne ist in der Lage, mehr als eine Lösung zu finden. Die Überzeugung, man habe die richtige Art und Weise entdeckt, wie ein Stück zu spielen sei, ist höchst irrig, denn keine Darbietung gleicht einer anderen. Die »Lösung« von gestern, heute oder morgen kann sich als falsch erweisen, einfach weil sich die Parameter verschoben haben. Die Akustik eines Saals ist anders, der körperliche und seelische Zustand von demjenigen, der spielt, ist nicht derselbe, der Grad der Feuchtigkeit der Luft ist anders und so weiter. Eine Live-Aufführung ist ein im Leben unwiederholbarer Moment. Sobald ich versuche, das, was mir gestern richtig erschien, zu wiederholen, erlebe ich die Musik nicht in der Wirklichkeit von heute, ja ich erlebe sie nicht, sondern manipuliere sie. Wenn eine Aufführung manipuliert wird, um einen bestimmten Effekt zu erreichen, ist sie nicht mehr echt und folglich nicht mehr ethisch.

Was bedeutet es, im Bereich der Musik authentisch zu sein? Wenn man mit jemandem redet, ist es nicht schwer festzustellen, ob unser Gesprächspartner authentisch ist oder nicht. In der Musik jedoch ist dies weniger offensichtlich oder eher subjektiv. Wie kommt es, dass man einen für die musikalische Ausdrucksfähigkeit so grundsätzlichen und wesentlichen Faktor nur so schwer definieren kann? Ich spiele bestimmte Stücke schon seit sechzig Jahren, doch sie werfen deshalb nicht weniger Fragen auf. Immer wieder neue Fragen zu stellen ist eine wichtige Voraussetzung für Authentizität von Musik.

Aufrichtigkeit bei der Wiedergabe von Musik erreicht man nur dann, wenn man sorgfältig alles vermeidet, was überflüssig, unpassend, selbstbeweihräuchernd oder manipulativ ist. Es ist ein Prozess, der ein ganzes Leben dauert. Große Künstler müssen die Gabe einer genauen Selbstprüfung besitzen, um sich mit neuem Wissen zu wappnen, ihre Intuition zu verfeinern, die eigenen Schwachpunkte herauszufinden und zu verbessern. Aufrichtigkeit beim Spielen von Musik ist unmöglich ohne die tägliche Suche und immer tiefere Erforschung des Wesens eines Musikstücks. Wenn es mir gelingt, mich dem Spiel hinzugeben, zu improvisieren und einer vorher nie betretenen Spur zu folgen, dann nicht nur dank spontaner Intuition. Anders ausgedrückt: Diese spontane Intuition fällt nicht vom Himmel. Sie ist das Resultat intensiven Werkstudiums, unzähliger Proben und Versuche, und auch mein Selbstverständnis als Interpret spielt dabei eine entscheidende Rolle. Wenn ich mir Spontaneität erlaube, ohne eine Partitur genauestens studiert zu haben, dann weiche ich vom Inhalt der Partitur möglicherweise zu sehr ab. Es ist einfach und mag Vergnügen bereiten, spontan zu sein ohne tiefere Kenntnis einer Partitur und ohne Wissen um die eigenen Vorlieben, doch das Ergebnis hat kaum etwas mit authentischem Musizieren zu tun.

Ein Künstler muss eine genaue Kenntnis seiner selbst und der Materie haben, der er sein Leben widmet, doch einfach ist das keineswegs. Sogar ein großer Künstler wie Claudio Arrau hatte das Bedürfnis, sich einer Psychotherapie zu unterziehen, um sich von dem Wunsch zu befreien, anderen zu gefallen.

Dies bringt mich dazu, über ein weiteres mögliches Hindernis auf dem Weg zu einer Ethik musikalischer Darbietung nachzudenken: die Beziehung zum Publikum. Wilhelm Furtwängler sprach vom Publikum als von einer Gemeinschaft. Diese Gemeinschaft kann auf den Interpreten verschiedene Wirkungen haben: Im besten Fall zieht er Energie aus der Tatsache, dass er zusammen mit dem Publikum Zeuge ist, wie ein Musikstück zum Leben erweckt wird. In einem gewissen Sinn erleben sie beide das Stück gemeinsam. Das andere Extrem ist, dass der Künstler nervös wird und aus plötzlicher Angst heraus einen falschen Ton spielt oder Gedächtnislücken hat. Es gibt eine einzige Waffe, mit der man Lampenfieber bekämpfen kann, und das ist besseres Wissen: genaue Kenntnis der Technik, mit der Instrumente gespielt werden, das Wissen darum, wie ein Stück aufgebaut ist, und Vertrautheit mit den uns zur Verfügung stehenden Ausdrucksmitteln. Natürlich spreche ich von Erkenntnis im Sinne Spinozas, vom Verstehen der Essenz der Dinge, und nicht von Erkenntnis, die aus purer Beobachtung oder empirischen Überlegungen stammt. Der wichtigste Aspekt beim Spielen und Üben besteht im Erwerb neuen Wissens über die verschiedenen

Elemente einer Darbietung, das Tempo, die Dynamik, die Artikulation, das Gleichgewicht und den Takt. Das Wissen darüber kann man sich, will man Nutzen daraus ziehen, nicht während einer Darbietung aneignen, andererseits wird einem keine Inspiration zuteil, wenn man nur passiv abwartet. Man muss bereit sein, sie anzunehmen. Es ist ein Reinigungsprozess, der erfolgen muss, bevor man alle realen Möglichkeiten, die eine Partitur enthält, versteht.

Wenn ich mich heute inspirieren lassen will, muss ich bereit sein, die Intuition von gestern zu vergessen, muss mich auf meine Kenntnis der endlosen Möglichkeiten verlassen, die in einem Werk verborgen sind, und bereit sein, eine weitere Möglichkeit zu entdecken, die ich zuvor, in vielen Jahren des Übens und Spielens, noch nicht gefunden hatte. Unter Musikern zirkuliert der Aberglaube, die zu genaue Kenntnis eines Stücks beeinträchtige die Freiheit der Darbietung. Aberglaube ist der richtige Begriff für eine solche Haltung, weil er die Angst vor dem Unbekannten bezeichnet. Wer so denkt, glaubt vermutlich, dass eine zu genaue Kenntnis ein Musikstück entblößt, es auseinandernimmt, es seines Geheimnisses beraubt und es dadurch so kraftlos wird wie Samson ohne sein Haar. Es ist möglich, dass dies geschieht, wenn ein Stück auseinandergenommen, analysiert, dekonstruiert und abgetragen wird. Dies ist die Arbeit des Musikwissenschaftlers, der sich bemüht, einen scharfen Blick auf die Struktur eines Werks zu werfen. Die Arbeit des Interpreten jedoch beginnt dort, wo die des Musikwissenschaftlers endet, und besteht im Neuschaffen des Werks in der Gegenwart. So kehrt er in den Zustand des Chaos zurück, das herrschte, bevor eine einzige Note geschrieben wurde. Der Interpret zwingt sich, in den Geist des Komponisten einzudringen, und fragt sich bei jedem Durchgang, warum er jene Lösung gefunden hat und keine andere, welche Gründe hinter einer bestimmten Modulation stecken, und stellt sich tausend andere Fragen. Dies ist ein komplexer Vorgang, bei dem die Erkenntnis des Bewussten mit einer Erkundung des Unbewussten Hand in Hand gehen muss.

Eine der ethischen Verpflichtungen eines Interpreten, die besonders anregend ist, besteht darin, das richtige Gleichgewicht zwischen Intellekt und Emotion zu finden. Der Intellekt ist keine der Emotion unterlegene menschliche Gabe, doch er kann in der Musik, wenn er die Oberhand gewinnt, die Vollkommenheit einer Musikaufführung beeinträchtigen. Das andere Extrem, bei dem man der Emotion die Zügel zu locker lässt und auf die feste Hand rationalen Denkens verzichtet, ist ebenso schädlich. Wenn man sie gewähren lässt, potenzieren sich Intellekt und Emotion gegenseitig und ergänzen einander, sei es in der Ausführung oder in der Komposition. Man kann sie nicht mehr voneinander trennen. Große Musik ist weder nur vom Verstand noch allein vom Gefühl bestimmt. Wie die menschliche Natur zeichnet sie sich durch das Gleichgewicht beider Aspekte aus.

Das Paradox beim Spielen von Musik liegt darin, dass die direkteste und wirkungsvollste Art, mit dem Publikum zu kommunizieren, im Vergessen seiner Gegenwart besteht. Wenn es dem Interpreten gelingt, sich auf einen tiefen und fesselnden Dialog mit der Musik einzulassen, nur mit ihr, und die Präsenz von zwölfhundert, fünfzehnhundert oder dreitausend Zuhörern zu vergessen, dann wird er eins mit dem Publikum, und sie haben beide am Akt der Neuschaffung teil, für den beide unverzichtbar sind: derjenige, welcher die Musik hervorbringt, und der, der zuhört. Vielleicht ist es unmöglich, gerade für die siebenundzwanzigste Reihe zu spielen, aber metaphorisch gesprochen kann die siebenundzwanzigste Reihe bei der gemeinsamen Anstrengung, Klänge voller Sinn zum Leben zu erwecken, auf die erste Reihe projiziert werden.

Das Publikum bringt eine wichtige Dimension in eine Aufführung, die Dimension der Zeit. Wenn ich spiele, wenn ich ein Musikstück probe, weiß ich, dass ich aufhören kann, sobald ich es für richtig halte, um Dinge zu korrigieren, zu verfeinern, den Ton zu verbessern. Während einer Aufführung aber weiß ich, dass ich das Stück von Anfang bis Ende spielen werde, ohne Pause, und dass dies für mich die einzige Möglichkeit ist, all das vorzutragen, was ich mir in Stunden, Wochen, Jahren von Übung und Studium angeeignet habe.

In der Musik wie im Leben ist die Zeit ein Katalysator. Wenn wir uns darüber klar werden, dass sie begrenzt ist, nutzen wir sie anders. Die Zeit steht ganz im Zentrum des Spielens von Musik, nicht nur weil sie sich in einem bestimmten Rhythmus manifestiert, sondern auch durch die Tatsache, dass jedes Musikstück von begrenzter Dauer ist. Die Musik lehrt uns vielleicht besser als jedes andere Ausdrucksmittel, wie wichtig der gegenwärtige Augenblick ist. Wenn wir für einen Moment von der Möglichkeit einer Aufnahme absehen, ist ein Musikstück vorbei, kaum dass die letzte Note verklungen ist. Dies trifft auf den Klang und die Zeit zu, die nicht reproduzierbar sind. Unwiederholbarkeit ist eines der stärksten und wichtigsten Merkmale der Musik.

Die Zeit, oder um genau zu sein, die objektive Zeit ist der treue Begleiter des Musikers, sein Gewissen sozusagen. Man kann sie ein wenig irreführen, *rubato* spielen, wie es in der italienischen Musikterminologie heißt, doch der Musiker ist immer moralisch verpflichtet, das zu Unrecht Erworbene wieder zurückzugeben. Bei einer Aufführung, die dem unaufhaltsamen Vorrücken der Uhrzeiger unterworfen ist, muss man sich ständig bemühen, die subjektive Zeit mit der objektiven in Einklang zu bringen. Die Disziplin eines Musikers verhält sich direkt proportional zu seiner Art, sich zur Objektivität zu verhalten. Freiheit ist ein oft verwandter Terminus bei der Suche nach der Art und Weise, wie Musik zu spielen ist.

Wie im Leben überhaupt geht Freiheit mit der Verantwortung einher, sie in aufrichtiger und moralischer Weise zu genießen. Wenn ein Interpret frei spielt und vom Metronom abweicht, um Raum für eine expressive Arabeske zu gewinnen oder einer harmonischen Modulation besonderen Ausdruck zu geben, dann hält ihn die Fessel der Zeit mit den Füßen am Boden und beugt willkürlichen Abweichungen vor. Die Zeit kann wie die Wahrheit überstrapaziert werden. Wenn jemand das Bedürfnis verspürt, einen Moment besonderer Schönheit dadurch auszudrücken, dass er der subjektiven Uhr erlaubt, die Genauigkeit der objektiven Zeit zu sehr zu vernachlässigen, wird die Musik über den Punkt des Erträglichen hinaus ausgedehnt und zerreißt wie ein zu weit gedehntes Gummiband. Wenn wir den Kontakt zur Objektivität verlieren, entsteht Anarchie. Wenn wir uns nur von ästhetischen Gefühlen leiten lassen, verlieren wir den Sinn für das Ethische.

Wie sieht nun der Zusammenhang zwischen Ethik und Ästhetik beim Spielen von Musik aus? Wie ich schon vorher betont habe, ist es eher selten, dass man bei musikalischen Darbietungen an eine moralische Pflicht denkt, und es wäre absurd, sich eine dafür zuständige internationale Organisation vorzustellen, gewissermaßen das ästhetische Gegenstück zur UNO oder Amnesty International. Es ist tatsächlich schwierig, feste Kriterien für ein so subjektives Gebiet wie das Spielen von Musik aufzustellen. Es wäre eindeutig falsch, *forte* zu spielen, wenn die Partitur *piano* verlangt, und es wäre unberechtigt und willkürlich zu gestatten, dass eine wichtige Stimme durch eine weniger wichtige übertönt wird. Dennoch gibt es zahlreiche Fälle, in denen Änderungen an der vorgegebenen Dynamik gerechtfertigt sind, etwa um größere Spannung zu erzeugen. Ein Komponist kann in der Absicht, Spannung zu erreichen, *crescendo* schreiben. Doch möglicherweise erreicht man mit einem *diminuendo* die gleiche Wirkung, eine einschneidende Wirkung, so wie es manchmal effektvoller ist zu flüstern, als zu schreien.

Ich halte es für absolut legitim, dass ein Interpret – hier seien zwei besondere Beispiele erwähnt – den Einsatz eines *accelerando* oder eines *crescendo* ändert, je nach Ausdruckskraft des jeweiligen Instruments und seiner Bedeutung in der musikalischen Textur, besonders in Stücken, bei denen die Dynamik für das ganze Orchester gilt und für alle gleichzeitig beginnt. Wenn zum Beispiel bei Wagner die Blechbläser dort, wo die Partitur es vorsieht, *crescendo* spielen, kann man die zweiten Flöten, deren Klang schwächer ist, im nächsten Takt kaum hören. So muss der Dirigent jedem Instrument oder jeder Gruppe von Instrumenten ein eigenes *crescendo* anzeigen. Dadurch erreicht er, dass die schwächeren Instrumente zuerst beginnen und die stärkeren mit ihrem *crescendo* folgen, das dann kürzer ist.

Ein ethischer Verstoß liegt dann vor, wenn ein Interpret beschließt, einen bestimmten Schluss nach Gutdünken zu ziehen, einfach nur, weil es ihm passt, ohne Rücksicht auf die objektive Zeit, die harmonische Hierarchie oder die Länge einer Phrase. Ich habe oft beim Spielen den Impuls verspürt, etwas vorher nicht Geplantes oder Überlegtes zu tun, doch jedes Mal habe ich mich hinterher gefragt, ob dies musikalisch gerechtfertigt gewesen wäre. Wenn die rationale und die emotionale Seite eines Interpreten miteinander kooperieren und ausgewogen sind, ist die Wahrscheinlichkeit höher, dass seine spontane Eingebung logisch und gerechtfertigt ist. Wenn aber im Gegenteil das rationale Element gegenüber dem Emotionalen überwiegt oder umgekehrt, ist der Interpret weniger vor rein emotionaler oder rationaler Intuition geschützt.

Je größer die Zeitspanne zwischen der Komposition eines Werks und seiner Aufführung ist, desto größer ist die Angst vieler Interpreten, sich ihm zu nähern. Die Furcht, Fehler zu machen, kann lähmend wirken, weil der Lauf der Zeit das natürliche Gespür für die Musik erschwert, genau wie er die Reichweite oder Bedeutung eines historischen Ereignisses verwässert. Gerade weil wir wissen, dass verstreichende Zeit historischen Ereignissen die Unmittelbarkeit nimmt, brauchen wir bestimmte Momente, an denen wir sie feiern oder uns an sie erinnern: So war es kürzlich bei der Zwanzig-Jahr-Feier des Mauerfalls in Berlin und dem sechzigsten Jahrestag der »Reichskristallnacht«, und so ist es an dem Tag, an dem viele Nationen ihren Unabhängigkeitstag feiern.

Unsere Annäherung an die Musik der Vergangenheit ist auf rationales Verstehen ihrer Eigenschaften beschränkt, während die zeitgenössische Musik den Vorteil hat, dass sie uns dank ihrer Aktualität direkt angeht. Mit anderen Worten: Der Zeitgeist von heute kann mit dem Gefühl aufgefangen werden, aber den von gestern kann man nur mit dem Verstand erfassen.

Besonders seit dem Zweiten Weltkrieg hat die Idee der Werktreue sehr an Einfluss gewonnen, als übertriebene Reaktion auf die extreme Freiheit, die sich frühere Generationen beim Spielen von Musik genommen hatten, sodass die Aufführungen auf verschiedenste Weise voneinander abwichen. Daraus entstand die sogenannte »historische Aufführungspraxis«, die versucht hat, die genauen Bedingungen der Zeit, in der ein Werk komponiert wurde, wiederherzustellen, von den Instrumenten bis zur Zahl der Orchestermitglieder. Wie bei jeder Bewegung spielen auch hier unterschiedliche Talente eine Rolle. Die talentiertesten Musiker setzen selbstverständlich das, was sie in ihrem Studium gelernt haben, zur Suche nach einer eigenen musikalischen Ausdrucksform ein. Die mit weniger Talent hingegen passen sich den Dogmen der Bewegung an, als könnte man durch sie individuelles Denken ersetzen. Und so handeln sie stets gemäß einem Fundamentalismus, der oft Antworten auf nie gestellte Fragen gibt.

Diese Bewegung hat zweifellos einen sensationellen Sieg errungen. Ich kenne kein anderes Beispiel für ein Denksystem, das sich bemüht, Bedingungen aus einer zweihundert Jahre zurückliegenden Zeit wiederherzustellen, und das als progressiv und modern bezeichnet wird. Mir scheint, dass die sklavische Annahme von Dogmen nicht ungefährlich ist; sie führt im vorliegenden Fall dazu, dass man auf ungesunde Weise nach unbedeutenden Details des Aufführungsstils sucht, die unmöglich wiederherzustellen sind, und sei es nur deshalb, weil die heutigen Konzertsäle viel größer sind als die vor zweihundert Jahren. Hinzu kommt, dass die Entwicklung mancher Instrumente und der modernen Technik, mit der sie gespielt werden, durchaus als Fortschritt angesehen werden kann und nicht als negativer Faktor gelten muss.

Es mag sein, dass es nutzlos ist, dies zu betonen. Aber Musik ist Klang, und der Klang ist ein rein körperliches Phänomen. Die großen Werke der Musik sind nichts anderes als Ausdruck der menschlichen Seele, dem der Klang Gestalt gibt. Und nur diese Gestalt kann dazu führen, dass man die Ideen, die eine Partitur enthält, hören kann. Dieses Faktum mit Wissen und Bewusstsein wahrzunehmen bedeutet, die Notwendigkeit akustischer Transparenz und Klarheit in der musikalischen Struktur anzuerkennen. Letztlich ist das einzige Kriterium zur Beurteilung einer Musikaufführung der Grad seiner Hörbarkeit.

Wir beurteilen das Handeln von Politikern und Regierungen auf der Grundlage der uns dargebotenen Transparenz. Wenn Transparenz das Pendant zu einer ethischen Art des Regierens ist, so ist sie auch einer der Maßstäbe für die musikalische Aufrichtigkeit eines Interpreten. Jeder Pianist, Dirigent oder Kammermusiker nimmt die Verantwortung auf sich, ein Musikstück so verständlich wie möglich zu gestalten, ohne seine Komplexität und Tiefe zu beeinträchtigen. Man versteht ein Musikstück, wenn es mit Klarheit gespielt wird, was nicht unbedingt dasselbe ist wie Transparenz. Transparenz ist eine wissenschaftliche Eigenschaft. Wenn sie aber mit musikalischer Substanz und ihrer Durchdringung durch den Menschen einhergeht, wird sie zur Klarheit. Anders ausgedrückt: Klarheit ist Transparenz in Verbindung mit Denken, genau wie Zuhören Hören in Verbindung mit Denken ist. Wäre Transparenz ein Element, das allein genügt, um Musik zu verstehen, wären Musiker schon längst durch Computer ersetzt worden.

Der Unterschied zwischen wissenschaftlicher Transparenz einerseits und Klarheit andererseits ist viel reicher und komplexer und zum Beispiel beim Gleichgewicht von Akkorden besonders einleuchtend. Der Klang mehrerer gleichzeitig gespielter Töne muss ausgewogen sein, damit das Gehörte ein voller Akkord ist und nicht aus getrennten Komponenten besteht: ein jedes Instrument für sich. Wie ich bereits erklärt habe, enthält Musik immer die Idee eines Kontrapunktes, und innerhalb des Kontrapunktes gibt es immer eine Hierarchie von Stimmen. Außerhalb der Welt der Musik kommt der Dialog dem Kontrapunkt am nächsten. Doch der Dialog unterscheidet sich vom musikalischen Kontrapunkt darin, dass nur ein Gesprächspartner auf einmal reden und gehört werden kann. Im gesprochenen Dialog räumt man wichtigeren Gesprächspartnern mehr Zeit oder mehr Worte ein. In der Musik kann sich eine Vielzahl von Stimmen gleichzeitig ausdrücken, und so muss der Interpret sie analysieren und auf die Hierarchie der Töne achten. Alle Stimmen sind gleich bedeutend für die Gesamtheit der Musik, aber manche müssen in der Dynamik oder der Textur in den Vordergrund gerückt werden, damit ihre Bedeutung gewürdigt wird. Etwas Ähnliches geschieht in der Malerei: Die Leinwand ist eindimensional, doch der Maler kann die Illusion der Tiefe schaffen, indem er die Technik der Perspektive verwendet.

In der Musik gibt es immer wichtigere Stimmen und solche, die eine eher nebensächliche Rolle spielen. Es wäre verfehlt, einer wichtigen Stimme zu erlauben, eine weniger gewichtige Stimme zu unterdrücken, ebenso wie es falsch wäre, es einem Diktator zu gestatten, eine Minderheit oder eine Mehrheit zu eliminieren, wie es manchmal geschieht. Stimmen von weniger Gewicht können für jemanden, der in der Lage ist, dies zu erkennen, etwas Subversives zum Ausdruck bringen. Das Gespür für die wichtigste Stimme wird übertragen auf die Existenz einer Stimme von weniger Gewicht, feiner, aber von gleicher Ausdruckskraft. Zwischen den Stimmen in der Musik findet ein ständiger Energieaustausch statt. Es gibt, soweit ich weiß, keine einzige Sinfonie, in der ein und dieselbe Stimme – nehmen wir die der ersten Oboe – einen ganzen Satz hindurch die Oberhand behält. Jede Stimme ist mehr oder weniger relevant, je nachdem, was das musikalische Material verlangt, und bei dem ständigen hierarchischen

Wandel muss man dem Ziel gerecht werden, Klarheit zu erreichen.

Wenn wir uns einig sind, dass ein Interpret nicht ein einfacher Darsteller ist, sondern der Vermittler von Intuitionen, die im Hinblick auf unser wahres Sein tief und substanziell sind, können wir uns auch über den (wünschenswert stillen) Beitrag des Publikums einig werden. Wir gehen von der Idee aus, dass wir beide – Interpret und Publikum – unerlässlich sind, um ein Musikstück als lebendigen Organismus neu zu erschaffen, und so ist der Zuhörer nicht nur ein passiver Zeuge – ein Objekt, das Klänge aufnimmt –, sondern ein aktiver Teilnehmer des Schaffens- und Neuschaffensprozesses. Um das Unglück und die Ironie auf die Spitze zu treiben, hat die Plattenindustrie eine Menge zumeist zerstreuter Hörer geschaffen, die an jedem Ort und zu jeder Zeit Musikstücke hören können, auch wenn sie mit anderen Dingen beschäftigt sind. Wie auch sonst kann nur ein Individuum über die Qualität von Gehörtem entscheiden. Die Technologie als solche ist weder positiv noch negativ, sondern lediglich ein Gerät, dessen Gebrauch von Einzelnen bestimmt wird. Aufgenommene Musik kann zweifellos die positive Funktion haben, dem Hörer Musikstücke vertrauter zu machen, weil sie immer wieder gehört werden können. Wenn Musik aber ohne Unterschied und ohne Konzentration gehört wird, dann wird sie zu einem banalen Hintergrundgeräusch. Dank der Aufnahmetechnik sind in unserer Gesellschaft Musik und *muzak*, ihr entmenschlichtes Gegenstück, allgegenwärtig.

Zu Beginn seiner Karriere sagte Artur Rubinstein, dass

fünfundsiebzig Prozent seiner Zuhörer in der Lage seien, den größten Teil der Stücke seines Repertoires zu spielen. Fünfzig Jahre später sagte er, er sei schon froh, wenn nur fünfundzwanzig Prozent seines Publikums eine seiner Platten besäßen. Was soll man über die heutigen Hörer klassischer Musik sagen, deren Ohren regelmäßig – in Aufzügen, Wartezimmern von Ärzten, Flughäfen und Restaurants – darauf trainiert werden, die Informationen, die sie empfangen, zu ignorieren?

Die eigentliche Gefahr der *muzak* oder der Hintergrundmusik jeglichen Typs besteht in ihrer unterschätzten Kraft, uns beizubringen, das, was wir hören, nur bruchstückweise wahrzunehmen. Wie ich schon vorher gesagt habe, ist Zuhören eine Kombination aus Hören, Denken und Konzentration. Man kann hören, ohne zuzuhören, das ist wahr, dies wissen viele Kinder, die von ihren Eltern ausgeschimpft werden. Richtiges Zuhören erfordert Konzentration, Neugier und völlige Hingabe an das, was man hört.

Wie aber kann man von einem Konzertbesucher verlangen, sich im Konzersaal auf eine Sinfonie von Mozart zu konzentrieren, wenn er sie eine halbe Stunde vorher in der Hotelhalle aus Lautsprechern gehört hat? Die Botschaft dabei ist, dass das Spielen von Musik nicht einmalig ist. Es kann aufgenommen und wiederholt werden, sooft man will. Heute muss man nicht mehr unbedingt anwesend sein, wenn jemand spielt. Wahrscheinlich ist das Wissen darum die Ursache der unaufhaltsamen Hustenattacken, die man in Konzertsälen immer häufiger erlebt.

Vielleicht hat ein Hörer keine besondere moralische Verpflichtung gegenüber einem Werk, das aufgeführt wird, doch je besser er es versteht, sein Gehör zu schärfen und die Musik wirklich anzuhören, desto eher ist er in der Lage, die Gelegenheit, live aufgeführte Musik zu erleben, wahrzunehmen. Wenn wir wirklich zuhören und zu hören verstehen, wird uns klar, dass keine Musik existiert, die nur tragisch oder fröhlich ist. Oft gibt es bei jedem Charakterzug, den Musik trägt, ein gegensätzliches Element. Ein tragisches Gefühl wird immer durch die Freude abgemildert, in der Musik zum Ausdruck zu kommen, und eine fröhliche Melodie kann eine dissonante, skeptische Begleitung haben. Die Emotion ist außerdem nicht in dem Musikstück enthalten. Die Emotion in der Musik wird durch die menschliche Wahrnehmung von beispielsweise Wiederholung und Veränderung in das Stück getragen. Das Publikum muss in der Lage sein, sein eigenes Bewusstsein zu verändern und den Sinn der Musik im Moment ihrer körperlichen Darbietung aufzunehmen. So ist es möglich, Feinheiten des Ausdrucks wahrzunehmen, die verloren gehen, wenn Musik ständig im Hintergrund abgespielt wird.

Die Sonatenform ist in dieser Hinsicht vielleicht das beste Beispiel. In der Exposition wird ein Thema ohne besondere Merkmale vorgestellt. In der Durchführung – in der sich Eigenschaften offenbaren und entwickeln, die bis dahin dem Thema nicht bekannt sind – wird es Veränderungen und Kommentaren durch andere Gegenthemen ausgesetzt. In der Reprise kehrt es dann zu seinem Originalzustand zurück. Dies trifft natürlich nur teilweise zu. Die Noten sind vielleicht dieselben, aber während der Durchführung sind sie so vielen Variationen und Veränderungen ausgesetzt, dass sich das Thema jetzt in einem ganz anderen psychologischen Kontext befindet. Ein Hörer, der nur ein bisschen mit dem Werk vertraut und in der Lage ist, jede musikalische Passage im Moment, in der sie gespielt wird, zu durchdringen, wird die Bedeutung der Rückkehr des Themas erkennen, wenn es in der Reprise wieder auftaucht, so wie jede sensible Person die Veränderungen im Aussehen eines vertrauten Menschen erkennt und sie auf die verschiedenen Umstände seines Lebens zurückführt. Die Schärfe der Beobachtung hängt in diesem Fall von unserer Fähigkeit ab, fortschreitende Zeit im Innersten wahrzunehmen. Unsere Wahrnehmung der Zeit und ihrer nicht rückgängig zu machenden Wirkungen ermöglicht es uns, eine andere Vision von der Wiederholung und der Veränderung in der Musik zu haben.

Bevor ein Interpret die ersten Töne eines Stücks spielt, muss er in der Lage sein, das ganze Stück im »Zeitraffer« zu hören und im Geist den letzten Ton vor dem ersten wahrzunehmen, mit dem Ziel, langfristig eine Verbindung zwischen dem Anfang und dem Ende des Stückes herzustellen. Auch wenn das Publikum ein Werk wie seine Westentasche kennt, kann es nichts Ähnliches hervorbringen, weil es an den ersten Ton und in der Folge an die zeitliche Entwicklung des Werks gebunden ist. Ein sensibler Zuhörer ist jedoch in der Lage, ein Stück rückwärts wiederzuhören, wenn es vorbei ist. Der aufmerksame Zuhörer und der Interpret begeben sich in den Fluss der Zeit und stellen sich auch außerhalb desselben. Der Interpret fungiert als Vorläufer, der Hörer folgt ihm auf den verschiedenen Etappen.

Wie lässt es sich erklären, dass Monster vom Kaliber Hitlers und Stalins beim Hören von Musik zu Tränen gerührt waren? Sie haben menschliche Gefühle mit Aspekten der Musik in Zusammenhang gebracht und zur selben Zeit keine Verbindung zwischen den Sphären von Ethik und Ästhetik hergestellt. Sie hielten Musik für einen sicheren Hafen außerhalb der realen Existenz und sahen sie als reine Unterhaltung an. Anders gesagt, sie ordneten die Schönheit der Musik, die ich oben als physischen Ausdruck der menschlichen Seele definiert habe, einem in ihrem Diktatorenhirn weit entlegenen Bereich zu, in dem es keine Möglichkeit der Berührung mit anderen Partien des Intellekts gab, die Denken und Verhalten direkt hätten beeinflussen können. Welcher Aspekt der Musik es auch gewesen sein mag, der sie berühren konnte, er hatte jedenfalls keinerlei Kontrolle über ihr tägliches Leben und Verhalten.

Diese Anomalie, die im Licht der Grausamkeiten, die die beiden Männer begangen haben, grotesk erscheint, kann im Alltagsleben normaler Leute irrelevant erscheinen. Doch der Zusammenhang zwischen Ethik und Ästhetik oder, um es konkreter zu sagen, zwischen dem Verständnis des Lebens und der Musik hat erhebliche Folgen für eine Gesellschaft, die jeden Tag mehr unter der entfremdenden Wirkung der Spezialisierung leidet. Was Musik uns lehren kann, kennt keine Grenzen, wenn wir bereit sind, sie gründlich kennenzulernen und sie nicht aus unserer geistigen Sphäre auszuschließen. Die Musik wurde viele Jahre lang in ein entferntes Reich des Vergnügens und der Evasion verwiesen, ausgehend von der Voraussetzung, dass sie den Partien unseres Gehirns, die für das Denken bestimmt sind, nichts zu sagen hat und dem Alltagsleben ebenso wenig. Ein trauriger Zustand für alle, die direkt betroffen sind! Musik hat die Kraft, das Potenzial einer Menschheit zum Ausdruck zu bringen, die es versteht, ihre Grenzen zu überschreiten. Musik besitzt die Fähigkeit, Menschen zusammenzubringen, ohne Ansehen des Geschlechts, der Herkunft oder Nationalität. Und dies, weil sie uns auf den Weg bringt, der vom Chaos zur Ordnung führt, der, ausgehend von einer Idee – die vielleicht noch wirr ist –, zu der Entwicklung und Vollendung eines Werks führt, das von einer eigenen inneren Logik gestützt und getragen wird. Wenn ich in der Lage bin, den kreativen Prozess zu begreifen, der im fertigen Werk endet, und die Passagen zu rekonstruieren, die vom ungeordneten Material zu einem bestimmten Thema führen, dann bin ich beim Spielen eines Stücks in der Lage, es auf authentische Weise neu zu schaffen, indem ich vom entgegengesetzten Ausgangspunkt ausgehe, das heißt vom fertigen Werk, und mit dem Ziel, zur wesentlichen, originalen Idee zu gelangen, den Weg der Dekonstruktion und Analyse beschreite. Wenn es mir außerdem gelingt, eine Parallele zwischen diesem Prozess und der Tatsache zu finden, dass er mich im Leben interessiert und betrifft, dann habe ich die wahre Natur der Musik verstanden.

Das 20. Jahrhundert hat sich durch seine Neigung zu Dekonstruktion, Parzellisierung und Spezialisierung ausgezeichnet, und es ist mein Wunsch, dass das 21. sich die nicht einfache Aufgabe stellt, Erkenntnisse zu rekonstruieren, zusammenzufügen und zu erweitern. Heutzutage sind Informationen jederzeit und überall zugänglich. Doch Information ist kein Wissen, im Gegenteil, der ständige Zugang zu Informationen verführt uns dazu, Erkenntnis als überflüssig zu betrachten und es mühsam zu finden, sie zu erlangen. Der ständige Informationsfluss von heute verlangt eigentlich ein vertieftes Verständnis des Zusammenhangs verschiedener Ideen und Fakten. Die heutigen politischen Führer zum Beispiel stehen vor völlig anderen Herausforderungen als die der sechziger oder siebziger Jahre. Ein Regierungschef der sechziger Jahre hatte zu viel mehr Informationen Zugang als ein Durchschnittsbürger, und dies machte einen großen Teil seiner Macht aus. Die Macht heutiger Regierungen gründet darauf, wie richtig sie mit Informationen umgehen, zu denen so gut wie alle Zugang haben. Die Regierenden von heute müssen die Fähigkeit besitzen, Informationen zu analysieren und die wichtigsten Ereignisse und Ideen miteinander in Zusammenhang zu bringen.

Es wird nie einen Ersatz für menschliche Erkenntnis und die Fähigkeit geben, Verbindungen zwischen verschiedenen Aktivitäten oder Gedanken herzustellen, mit dem Ziel neuer Bedeutungen oder eines neuen Verständnisses. Die Unmassen unverarbeiteter Informationen der Internet-Ära können nicht dazu beitragen, Vorstellungen über die Natur des menschlichen Geistes und Gemüts hervorzubringen.

Ich glaube, dass Musik eine wesentliche und unverzichtbare Komponente allgemeiner Erziehung ist. In unserer Gesellschaft leidet die Musik, die in ihren Elfenbeinturm eingesperrt ist, immer noch an ihrer Isolierung, sowohl im Hinblick auf den Interpreten als auch auf den Zuhörer. Niemand bemüht sich, musikalische Prinzipien in unsere Denkweise zu integrieren, und das analytische Denken begibt sich nur selten auf oft unwegsame Gebiete klassischer Musik. Wer beruflich mit Musik zu tun hat, müsste dazu erzogen werden, Sinn dafür zu entwickeln, sich auch vielen anderen Wissensbereichen zuzuwenden, die nicht direkt mit Musik zu tun haben. Die technische Beherrschung eines Instruments, die für einen Berufsmusiker wesentlich ist, hat nur dann einen Sinn, wenn sie mit einem allgemeinen Erkenntnisprozess einhergeht, zu dem eine breite Basis von Wissen und Kultur gehören.

Nichts kann die Fähigkeit ersetzen, Musik in ihrer spezifischen Sprache zu begreifen. Zur Beflügelung der Phantasie eines Musikers können Bilder aus der Natur oder dramatische Szenen eine wichtige Hilfe sein. Erhält ein Musikstudent Anregungen durch ein nicht parzelliertes geistiges und kulturelles Modell, zeigt sich sein Talent in seiner Einzigartigkeit bei der Entdeckung von möglichen Parallelen zur Malerei, wenn er der visuellen Welt zugeneigt ist, oder zur Literatur, wenn ihm Worte wichtiger sind. So wie die allgemeine Kultur integrativer Bestandteil des Musikstudiums sein sollte, müsste die Musik wieder Teil der allgemeinen Erziehung werden, auch für Schüler, die keine Musiker werden wollen. Idealerweise sollte Musik in der Schule mit demselben Nachdruck unterrichtet werden wie Mathematik, Literatur, Geschichte oder Philosophie. Studenten lesen Goethes *Faust* – um nur ein Beispiel zu nennen – nicht nur, um sich an einer schönen Geschichte zu erfreuen, sie studieren und analysieren ihn auch in einer Weise, die ihre Ideen und Perspektiven für die Zukunft beeinflussen kann. Kurz gesagt: Kunst kann das Leben verändern, und die Musik bildet dabei keine Ausnahme. Eine philosophische Annäherung an die Musik ist ebenso wesentlich wie die philosophische Annäherung an die Existenz.

Musik ist unendlich größer und reicher, als unsere Gesellschaft ihr zugesteht. Sie ist nicht nur schön, bewegend, bezaubernd, tröstend oder begeisternd, und manchmal kann sie sogar alles auf einmal sein. Musik ist ein wesentlicher Teil der Körperlichkeit des menschlichen Geistes.

Auf dem Weg zu einem neuen Verständnis des israelisch-arabischen Konflikts

Heute, wo ein Jahr außergewöhnlicher Wandlungen im Mittleren Osten zu Ende geht, bei dem zutiefst veränderte geopolitische Szenarien und Hoffnungen in gleichem Maße aufgegeben wurden, kann ich nicht umhin, mich zu fragen, ob es in einem ähnlichen Klima der Veränderung nicht an der Zeit wäre, auch unsere Art, den israelisch-arabischen Konflikt zu verstehen, kritisch zu betrachten.

In den letzten siebzig Jahren wurde dieser Konflikt unter zahllosen Gesichtspunkten in Augenschein genommen: politischen, diplomatischen, militärischen, juristischen. Dennoch haben die betroffenen Parteien - von den Staatsmännern über die Politiker, von den Militärstrategen bis zu den Diplomaten - es versäumt, den wahren Kern des Problems in den Mittelpunkt zu stellen. Dabei handelt es sich nicht um einen politischen Konflikt, sondern um einen menschlichen, die Auseinandersetzung zweier Völker, die kategorisch dasselbe Land für sich beanspruchen, das beide für ihr Vaterland halten. Diese Völker müssen in ihrer historischen Besonderheit betrachtet werden und kommen nicht umhin, irgendwann einzusehen, dass ihr Schicksal untrennbar miteinander verbunden ist.

Es ist sinnlos, sich zu fragen, wer diesen Konflikt ausgelöst hat und wann dies geschah. Es ist stattdessen viel nützlicher, die Frage zu stellen, was die entscheidenden Schritte sind, um ihn zu lösen.

Ein wesentliches Hindernis auf dem Weg zu einer friedlichen Lösung liegt in der fragwürdigen Art, mit der wir ihn interpretieren. Wir haben uns an das »politisch Korrekte« gewöhnt, das auf allen Ebenen unsere Herangehensweise an diesen Konflikt auszeichnet. In diesem Fall blüht das politisch Korrekte in einer »Regierungs«-Gesellschaft, die entscheidet, was richtig ist und was nicht, und folglich das Denken von Individuen unterbindet. Letztlich wird unsere Freiheit des Denkens und der freien Meinungsäußerung auch durch das von den Medien vorgegebene Verständnis des Konflikts entscheidend eingeschränkt.

Im Moment wird unser Umgang mit dem Konflikt auf drastische Weise neu durchdacht. Anstatt das Schicksal der Region den Politikern und Diplomaten zu überlassen, die sich immer mehr im Netz einer falschen politischen Korrektheit verfangen, ist es notwendig, dem einzelnen Bürger die Macht zurückzugeben, Stellung zu beziehen. Das Volk der Ägypter hat uns im Januar 2011 gezeigt, dass es bereit ist, sein politisches Schicksal in die Hand zu nehmen. Auch wenn dieser revolutionäre Geist sich noch nicht allzu tief verwurzelt zu haben scheint, müssen wir den Mut und die Unternehmungslust der ägyptischen Jugend anerkennen und hoffen, dass der ursprüngliche Erfolg eine weitere Entwicklung ankündigt.

Eine positive Initiative kann nur von aufgeklärten und gut informierten Bürgern ausgehen. Um Wissen und einen Geist der Aufklärung zu verbreiten, muss eine neue

Generation Intellektueller entstehen, sowohl in Israel als auch in der arabischen Welt. Edward Said hat zu seiner Zeit ein neues Konzept von der Rolle des engagierten Intellektuellen geprägt und hervorgehoben, dessen Aufgabe bestehe darin, die Freiheit und das Wissen der Menschheit zu fördern. Er hat per definitionem die Aufgabe, ein gegenüber der Gesellschaft und ihren Institutionen kritisches Element oder gar ein störendes Element zu sein, so definiert, dass man ihnen gegenüber auf Distanz gehen, zugleich aber ihr integrativer Bestandteil sein muss und sich deshalb an ein so großes Publikum wie möglich wenden sollte. Eine neue Generation engagierter Intellektueller würde den einzelnen Bürger dabei unterstützen, die engen Grenzen dessen zu überwinden, was als »akzeptabel« gilt, und ihn vielleicht zu folgender grundlegender und wahrer Erkenntnis bringen: Je mehr man von seinem Gegner versteht und akzeptiert, desto mehr wird man von ihm verstanden und akzeptiert.

Die einzige Lösung des Nahostkonflikts ist die gegenseitige Anerkennung, zunächst auf der Ebene des Verständnisses, dann in der Praxis. Dazu gehören das Ende der israelischen Besatzung, der Abriss der Siedlungen auf palästinensischem Gebiet und das Ende der Gewalt auf beiden Seiten. Auch wenn wir wissen, was das Trauma des Holocaust für das jüdische Volk bedeutet, dürfen wir nicht vergessen, dass die Idee eines jüdischen Vaterlandes lange vor diesen furchtbaren Ereignissen aufkam und nicht erst in deren Folge. Es ist wichtig, sich daran zu erinnern, dass der Holocaust der Versuch war, das gesamte jüdische Volk auszurotten, und dass daraus die Angst folgt, dies könne sich wiederholen. Doch Palästina ist nicht Europa und schon gar nicht Nazideutschland.

Alle Palästinenser müssen sich darüber im Klaren sein, dass Gewalt kein Mittel gegen das Leid ist, das sie durch die Besatzung oder das Exil erfahren. Dennoch haben die Palästinenser das Recht, zornig darüber zu sein, dass die Israelis beanspruchen, was sie für ihr Vaterland halten, sie müssen aber zugleich die Wirklichkeit der Existenz Israels anerkennen.

Die Israelis müssen nicht nur die Besatzung beenden und die Siedlungen zerstören, sondern auch die Verantwortung für das, was in diesen Jahren geschehen ist, und das, was versäumt wurde, übernehmen. Sie haben ein Recht auf sichere Grenzen, die mit einigen Abweichungen denen vor 1967 entsprechen. Sie müssen akzeptieren, dass Ost-Jerusalem die Hauptstadt von Palästina ist, genauso wie die Tatsache, dass niemand das moralische Recht hat, einem anderen Volk das Recht auf Rückkehr zu verweigern. Über die Ausübung dieses Rechts kann und müssen beide Seiten verhandeln.

Dies alles erfordert den Beitrag der Weltgemeinschaft. Es ist Zeit, den Wettbewerb zu beenden, wer das größere Opfer ist. Wir alle müssen lernen, über diesen Konflikt ganz anders zu denken, und das müssen wir so schnell wie möglich tun.

Wagner, Israel und die Palästinenser

Es gibt in der Geschichte vielleicht keinen zweiten Komponisten, der in seinen Werken eigentlich unvereinbare Elemente zu vereinigen suchte. Die Eigenschaften, die Wagners Anhänger begeistern, sind oft dieselben, die seine Gegner abstoßen, wie zum Beispiel sein Hang zu Extremen in jeder kompositorischen Hinsicht. Er dehnte die Harmonie und die Form der Oper bis zur Belastungsgrenze aus, blieb aber trotzdem in der Umsetzung seiner musikalischen Vorstellungen stets ökonomisch. Paradoxerweise macht ebendiese Ökonomie die unvergleichliche Größe seiner Strukturen aus. Vielleicht hielt er es für notwendig, einzelne Elemente besonders sparsam zu verwenden, um der Größe des Gesamtkunstwerks mit ihren überraschenden Momenten mehr Ausdruck und Wirkung zu verleihen.

Ein gutes Beispiel dieser Ökonomie findet man im ersten Akt der *Walküre*. Zu Anfang herrscht dort ein wilder Sturm. Selbst Beethoven machte bei seinem Sturm in der 6. Symphonie von allen Instrumenten Gebrauch, und bei der Besetzung, die Wagner zur Verfügung stand, könnte man glauben, sein Sturm könnte viel stärker sein. Stattdessen lässt er zunächst allein die Streicher die volle Wucht des Sturms entfalten, und das Ergebnis ist ein Klang, der nüchterner, direkter und kompakter ist, als es ein volles Wagner-Orchester mit Blech und Pauken an dieser Stelle wäre.

Auch in der dynamischen Gestaltung seiner Partituren kommt die Emotionalität der Musik stets durch die Präzision der Angaben zum Ausdruck. Wagner war der erste Komponist, der ganz bewusst die Geschwindigkeit der dynamischen Entwicklungen berechnete. Wenn er einen Höhepunkt erreichen will, verwendet er meistens eine von zwei Techniken: Entweder lässt er ein *crescendo* allmählich und organisch wachsen, oder er lässt dasselbe musikalische Material zwei oder drei Mal anschwellen, um es erst beim dritten oder vierten Mal explodieren zu lassen. Im Opernwerk Wagners gibt es öfter solche Stellen, an denen das musikalische Material die Phrase beim ersten Mal etwa in zwei Takten an- und abschwellen lässt. Beim zweiten Mal lässt er dasselbe Material zwei Takte lang wachsen, mit einem *subito piano* unmittelbar danach; erst beim dritten Mal gibt es vier Takte *crescendo* und den Höhepunkt. Es ist eine mathematische Rechnung, doch interessanterweise entsteht daraus Sinnlichkeit und Rausch. Gerade das gekonnte intellektuelle Kalkül erzeugt den Eindruck von Spontaneität und reiner emotionaler Empfindung.

Ein weiteres Merkmal von Wagners musikalischer Einzigartigkeit lässt sich im Vorspiel von *Tristan und Isolde* beobachten, in der Fortsetzung des berühmten »Tristan-Akkords«. Ein weniger genialer Komponist als Wagner oder einer, der das Geheimnis der Musik nicht mit derselben Klarheit erkannte, hätte die durch den Akkord entstandene Spannung bald wieder abgebaut. Doch gerade die Empfindung, die durch die nur teilweise Auflösung des Akkords hervorgerufen wird, erlaubt es Wagner, die Atmosphäre von Ambiguität und Kontrast immer weiter zu verdichten und, solange er diesen Prozess fortführt, immer mehr Spannung zu erzeugen. Jeder unaufgelöste Akkord ist somit ein neuer Anfang.

Wagners Musik ist oft komplex, manchmal einfach, aber nie kompliziert. Es ist ein feiner Unterschied. Kompliziertheit bedeutet unter anderem den Gebrauch von unnötigen Mechanismen oder Techniken, die eventuell den Sinn verschleiern können. Dies gibt es bei Wagner nicht. Komplexität bedeutet in Wagners Musik immer Multidimensionalität. Die Musik besteht immer aus vielen Schichten, die einzeln genommen einfach sein mögen, die aber zusammen eine komplexe Konstruktion bilden. Wenn er ein Thema ändert oder etwas hinzufügt, geschieht dies immer im Sinne dieser Multidimensionalität; die einzelnen Änderungen sind manchmal einfach, aber nie primitiv. Seine Komplexität ist immer ein Mittel und nie ein Ziel an sich. Sie ist auch immer paradox, weil ihre Wirkung so emotional, sogar erschütternd sein kann. In seinem Schriftwerk *Oper und Drama* schrieb Wagner: »Im Drama müssen wir Wissende werden durch das Gefühl. Der Verstand sagt uns: so ist es, erst wenn uns das Gefühl gesagt hat: so muss es sein.«

Gerade weil die Meinungen über Wagner oft so verworren und kontrovers sind, finde ich es wichtig, mit einigen Missverständnissen und falschen Behauptungen aufzuräumen. Wir wollen uns heute auch den außermusikalischen Seiten von Wagners Persönlichkeit zuwenden, und dazu gehören natürlich seine berüchtigten und inakzeptablen antisemitischen Äußerungen.

Der Antisemitismus war kein neues Phänomen im Deutschland des 19. Jahrhunderts. 1669 war es den Juden überhaupt erst gestattet worden, sich in Berlin und Umgebung einigermaßen frei zu bewegen, und selbst dann durften sich nur reiche Juden dort niederlassen. Juden, die nur vorübergehend in Berlin waren, wie übrigens Moses Mendelssohn, mussten die Stadt durch das Rosenthaler Tor betreten, das sonst nur für Vieh genutzt wurde, und sie mussten eine Steuer entrichten, genauso wie ein Bauer oder Geschäftsmann Steuer für sein Vieh oder seine Ware zu zahlen hatte. Im Gegensatz zu den Hugenotten war es den Juden verboten, Land zu besitzen, Handel mit Wolle, Holz, Tabak, Leder oder Wein zu treiben oder einen Beruf auszuüben. Es gab zu jedem denkbaren Anlass im Leben der Juden eine Steuer: unter anderem für Reisen, Hochzeiten und Geburten.

In diesem Kontext muss man die antisemitischen Äußerungen Wagners betrachten. Der Antisemitismus seiner Zeit war von jeher eine weit verbreitete Krankheit, auch wenn Juden in bestimmten Kreisen von der deutschen Gesellschaft akzeptiert, respektiert und sogar manchmal verehrt wurden. Zu den nationalistischen Bewegungen im Europa des späten 19. Jahrhunderts gehörte ganz selbstverständlich ein gewisses Maß an Antisemitismus. Es war nicht außergewöhnlich, den Juden die Schuld für alle Probleme der Zeit aufzubürden, ob politisch, wirtschaftlich oder kulturell. Zusätzlich zu der jahrhundertealten Judenfeindschaft, die sich gegen die Religion richtete, wurde der

Antisemitismus des ausgehenden 19. Jahrhunderts auch säkular begründet mit Kriterien wie »Abstammung« und »Rasse« und richtete sich gegen das inzwischen emanzipierte und assimilierte Judentum in Europa. Das Zentrum dieser Tendenzen war Wien.

Wie wir wissen, wurden diese Ansichten im 20. Jahrhundert fortgesetzt und verstärkt. Der Schweizer Dirigent Ernest Ansermet schrieb einmal in einem Artikel über Artur Schnabel, dass er zwar ein großer Pianist und wunderbarer Musiker sei, dass man aber aufgrund seiner Spielweise immer den Eindruck habe, er gehöre dem jüdischen Volk an, weil er die Musik ähnlich manipuliere wie die Juden das Geld.

Dieser geschichtliche Hintergrund ändert nichts an der Tatsache, dass Richard Wagner ein virulenter Antisemit schlimmster Sorte war, dessen Äußerungen unverzeihlich sind. Die Gründe für seinen Antisemitismus lagen unter anderem im Erfolg seiner jüdischen Zeitgenossen Mendelssohn und Meyerbeer. Doch teilweise bewogen genau dieselben negativen Eigenschaften, die er damals den Juden anhängte – wie zum Beispiel egoistisches Interesse und der Gedanke an den eigenen Vorteil –, Wagner selbst dazu, bestimmte Ausnahmen von seinen antisemitischen Überzeugungen zu machen. Ohne Hermann Levi hätte er keinen so glänzenden Dirigenten für seinen *Parsifal* gefunden, ohne Joseph Rubinstein hätte es womöglich damals noch keinen Klavierauszug von *Lohengrin* gegeben.

Wagner veröffentlichte den Aufsatz »Das Judentum in der Musik« erstmals 1850 unter dem Pseudonym K. Freigedank in der *Neuen Zeitschrift für Musik* in Leipzig und

1869 erneut, nun als eigenständige Broschüre unter seinem Namen. Darin heißt es: »Der Jude ... fällt uns im gemeinen Leben zunächst durch seine äußere Erscheinung auf, die, gleichviel welcher europäischen Nationalität wir angehören, etwas dieser Nationalität unangenehm Fremdartiges hat: wir wünschen unwillkürlich mit einem so aussehenden Menschen Nichts gemein zu haben.« Die einzige Revision, die er sich jemals hierzu erlaubte, war eine spät in seinem Leben gefallene Bemerkung gegenüber seiner Frau Cosima: »Wenn ich noch einmal über die Juden schriebe, würde ich sagen, es sei nichts gegen sie einzuwenden, nur seien sie zu früh zu uns Deutschen getreten, wir seien nicht fest genug gewesen, um dieses Element in uns aufnehmen zu können.«

Öffentlich aber vertritt er nach dieser privaten Aussage noch vehementere antisemitische Positionen, er hielt »die jüdische Race« für »den geborenen Feind der reinen Menschheit und alles Edlen in ihr«, er behauptete, es sei gewiss, »dass namentlich wir Deutschen an ihnen zugrunde gehen werden [...], und vielleicht bin ich der letzte Deutsche, der sich gegen den bereits alles beherrschenden Judaismus als künstlerischer Mensch aufrechtzuerhalten wusste«.

Rassistische Äußerungen, ob gegen Juden oder aktuell gegen Muslime, sind auch aus der heutigen Gesellschaft keinesfalls verschwunden, wie wir bei der jüngsten Integrationsdebatte beobachten mussten.

Theodor Herzl, der Gründer der zionistischen Bewegung, der als erfolgreicher Journalist mit dem zunehmenden Antisemitismus in Österreich und Frankreich konfrontiert war, befürwortete zunächst die völlige Assimilation der Juden. Interessanterweise hat Herzl keine wesentlich andere Wortwahl als Wagner getroffen, um die Situation der Juden in der deutschen Gesellschaft zu beschreiben. 1893 schrieb er, zur »Heilung des Übels« müssten die Juden »sich die Eigentümlichkeiten, die mit Recht an ihnen getadelt werden, abgewöhnen«. Man müsse »die Judenbuben taufen«, um ihnen das Leben nicht so überflüssig schwer zu machen. »Untertauchen im Volk!« lautete sein Appell an die jüdische Bevölkerung. Auch Richard Wagner sprach vom »Untergang«: »... bedenkt, dass nur Eines eure Erlösung von dem auf euch lastenden Fluche sein kann: die Erlösung Ahasvers – der Untergang!«

Wagners Schlussfolgerung für das »jüdische Problem« hatte nicht nur in seiner Wortwahl Ähnlichkeiten mit der Herzls. Sowohl Wagner als auch Herzl waren für eine Auswanderung der deutschen Juden. Herzls Beschäftigung mit dem europäischen Antisemitismus spornte ihn dazu an, einen jüdischen Staat gründen zu wollen. Seine Vision vom Judenstaat war geprägt von der Tradition des europäischen Liberalismus. In dem Roman *Altneuland* von 1903 beschreibt er, wie das in Palästina angesiedelte jüdische Gemeinwesen aussehen könnte. Dort sollten die arabischen Bewohner und andere Nicht-Juden politisch gleichberechtigt sein. Herzl hatte also nicht übersehen, dass in Palästina Araber lebten, als er die Idee eines eigenständigen Staates für die europäischen Juden entwickelte. 1921 mahnte Martin Buber auf dem 12. Zionistenkongress in Karlsbad, die Politik müsse sich auch der »Araberfrage« stellen. »Dieser nationale Wille ist nicht gegen eine andere

Nationalität gerichtet. Das jüdische Volk, seit zweitausend Jahren in allen Ländern eine vergewaltigte Minderheit, wendet sich nun, da es wieder als Subjekt seiner Geschicke in die Weltgesellschaft eintritt, mit Abscheu von Methoden des Herrschaftsnationalismus ab, dessen Opfer es so lange war. Nicht um ein anderes Volk zu verdrängen oder zu beherrschen, streben wir in das Land zurück ...«

Auch in der israelischen Unabhängigkeitserklärung vom 14. Mai 1948 stand: Der Staat Israel »wird sich der Entwicklung des Landes zum Wohle aller seiner Bewohner widmen. Er wird auf Freiheit, Gerechtigkeit und Frieden im Sinne der Visionen der Propheten Israels gestützt sein. Er wird all seinen Bürgern, ohne Unterschied von Religion, Rasse und Herkunft, soziale und politische Gleichberechtigung verbürgen. Er wird Glaubens- und Gewissensfreiheit, Freiheit der Sprache, Erziehung und Kultur gewährleisten.«

Die Realität in Israel sieht, wie wir alle wissen, heute anders aus.

Noch jetzt betrachten viele Israelis die Weigerung der Palästinenser, den israelischen Staat anzuerkennen, als eine Fortsetzung des europäischen Vorkriegs-Antisemitismus. Doch nicht Antisemitismus, sondern Widerstand gegen die Teilung Palästinas damals und gegen die Vorenthaltung gleicher Rechte heute, zum Beispiel auf einen eigenen Staat, bestimmt das Verhältnis der Palästinenser zu Israel. Palästina war eben nicht wie in der israelisch-nationalistischen Legende ein leeres Land, sondern könnte zu diesem Zeitpunkt so beschrieben werden wie einst von zwei Rabbinern, die auf Wunsch von Herzl das Land als potenziellen jüdischen Staat besichtigten: »Die Braut ist wunderschön, aber sie ist schon verheiratet.« Die Tatsache, dass die Gründung des Staates Israel auf Kosten der Grundrechte eines anderen Volks stattfand, wird bis heute in der israelischen Gesellschaft tabuisiert.

Ein weiteres Tabu, das in Israel immer noch aufrechterhalten wird, ist das Spielen von Wagners Werken in Israel. Dazu eine Anmerkung. Dass meine Aufführung des Vorspiels und Liebestod von *Tristan und Isolde* mit der Staatskapelle Berlin 2001 in Israel einen Eklat auslöste, ist eine Legende, die sich auch fast zehn Jahre nach dem Konzert in den Köpfen festgesetzt hat. Das Stück wurde als Zugabe nach einer vierzigminütigen Diskussion mit dem Publikum gespielt. Denjenigen, die gehen wollten, bot ich an, es zu tun. Nur zwanzig bis dreißig Leute, die Wagners Musik nicht hören wollten, verließen den Saal. Die Übrigen applaudierten dem Orchester begeistert, sodass ich das Gefühl hatte, etwas Positives getan zu haben. Erst am nächsten Tag brach der Eklat richtig los, als Politiker die Aufführung zum Skandal erklärten, obwohl sie das Konzert nicht besucht hatten.

Während des Dritten Reiches wurde Wagners Musik noch von Juden in Tel Aviv gespielt, und zwar vom damaligen Palestine Symphony Orchestra, dem heutigen Israel Philharmonic Orchestra. Kurz nach dem Ende des Zweiten Weltkriegs, als bekannt wurde, dass Juden in Begleitung von Wagner-Musik in die Gaskammer geschickt wurden, wurde die Aufführung von Wagner zu Recht in Israel tabuisiert, aus Rücksicht auf die Angehörigen der Opfer und die Überlebenden. Dies geschah nicht wegen Wagners Antisemitismus, sondern vielmehr wegen des nationalsozialistischen Missbrauchs.

Wagner war vielleicht das wichtigste persönliche und ideologische Vorbild Adolf Hitlers, eine Art »Vorläufer« seiner selbst, wie Joachim Fest in seiner Hitler-Biographie schreibt. »Die größte Prophetengestalt, die das deutsche Volk besessen« habe, nannte ihn Hitler und übernahm Wagners Mythologie als Bestandteil der nationalsozialistischen Ideologie.

So abscheulich Wagners Antisemitismus auch sein mag, man kann ihn wohl kaum für Hitlers Gebrauch und Missbrauch seiner Musik und seiner Weltanschauung verantwortlich machen. Der jüdische Komponist Ernest Bloch zum Beispiel weigerte sich, Wagners Musik als Besitztum der Nazis zu akzeptieren: »Die Musik der Nazis ist nicht das Vorspiel zu den *Meistersingern*, sondern das Horst-Wessel-Lied; andere Ehre haben sie nicht, andere kann und soll ihnen nicht gegeben werden.«

Wer in Wagners Opern einen widerlichen Angriff auf die Juden erkennen will, kann das selbstverständlich so sehen. Aber ist das wirklich begründet? Beckmesser zum Beispiel, der den Verdacht erregen könnte, eine Judenparodie zu sein, war Stadtschreiber im Jahr 1500, eine Stellung, die Juden damals unzugänglich war. Ich meine, wenn Beckmessers ungeschickte Melodien Synagogengesang ähneln sollen, dann ist dies eine Parodie jüdischen Gesangs und nicht ein rassistischer Angriff. Die Frage nach dem guten Geschmack darf man dabei natürlich auch stellen.

Die gesamte Wagner-Debatte in Israel ist mit der Tatsache verknüpft, dass der Schritt zu einer Identität als israelische Juden noch nicht geschafft ist und sich alle an Assoziationen mit der Vergangenheit klammern – die natürlich zu ihrer Zeit vollkommen verständlich und gerechtfertigt waren –, als müssten sie sich auf diese Weise an ihr eigenes Judentum erinnern. Vielleicht ist es dieselbe Tatsache, die es vielen Israelis nicht erlaubt, die Palästinenser als gleichberechtigt anzusehen.

Wenn man das Wagner-Tabu bis heute in Israel aufrechterhält, bedeutet es, Hitler in gewisser Hinsicht recht zu geben, dass Wagner ein Prophet und Vorgänger des nationalsozialistischen Antisemitismus war, dass er, wenn auch nur auf indirekte Weise, für die »Endlösung« verantwortlich gemacht werden kann.

Diese Ansicht ist der jüdischen Zuhörer unwürdig, die viel eher von der Philosophie so großer jüdischer Denker wie Spinoza, Maimonides und Martin Buber geprägt sein sollten als von undurchdachten Dogmen.

Die menschliche Lektion von Gaza

Nach Jahrzehnten sozialen und politischen Stillstands haben die Ereignisse des Jahres 2011 in Ägypten, Tunesien, Libyen, Bahrain und im Jemen – »arabischer Frühling« genannt – unser Bild von der Zukunft und dem Potenzial des Mittleren Ostens radikal verändert. Weitgehend von gut informierten und aufgeschlossenen jungen Leuten geführt – die vor allem durch soziale Netzwerke zusammengefunden hatten –, vollzogen sich diese Ereignisse mit außergewöhnlicher Schnelligkeit und haben bewiesen, dass die Strukturen, die bis vor kurzem noch als feudal und streng und damit unveränderbar erschienen, unter dem Einfluss von Volksbewegungen in tausend Stücke zerbrechen können. So haben wir unsere Mission in Gaza im Geist der Hoffnung unternommen.

Von den politischen Implikationen abgesehen, von der Ungerechtigkeit und Kurzsichtigkeit, die sie auszeichnen, hat die Absperrung Gazas durch Israel, die ein ganzes Volk kollektiv bestraft, als schlimmste Konsequenz zum Einbruch des Lebensniveaus der Bewohner des Gazastreifens geführt. Dennoch kann ich im Licht meiner jüngsten Erlebnisse sagen, dass trotz der oft unerträglichen Bedingungen, die sie ertragen müssen, viele Bewohner von Gaza voll Hoffnung und Initiative bereit sind, eine bessere Zukunft aufzubauen, eine Zukunft des Friedens. Darin sind sie vielen Israelis ähnlich. Die Frage aber ist, wie sich ein Weg finden lässt, einen Kontakt zwischen diesen Menschen herzustellen, die letztlich verwandte Bestrebungen verfolgen.

Historisch gesehen wurde Gaza immer von ausländischen Mächten regiert. Auf vier Jahrhunderte Herrschaft des Osmanischen Reichs folgte die Annektierung durch die Briten und schließlich die Herrschaft der Ägypter. Diese Aufeinanderfolge fremder Herrschaft hat dazu geführt, dass die Bewohner von Gaza ganz für sich lebten, völlig abgeschieden von den anderen Palästinensern. Als das Westjordanland von den Jordaniern besetzt war, bewies seine Bevölkerung, die größtenteils palästinensisch war, dass natürliche enge Kontakte zwischen den Palästinensern östlich und westlich des Jordans bestanden, aber nicht zwischen den Bewohnern Gazas und ihren ägyptischen Nachbarn. Vor allem wegen dieser besonderen geopolitischen Konstellation haben die Menschen in Gaza Selbstbestimmung und Unabhängigkeit mit mehr Nachdruck gefordert. Heute kann diese Forderung nur durch einen autonomen und souveränen palästinensischen Staat erfüllt werden.

Die seltsame Situation in Gaza hat zur Entstehung einer jungen und lebendigen Zivilgesellschaft beigetragen. Fünfundachtzig Prozent der Bevölkerung, die 1,2 Millionen Einwohner zählt, sind unter dreißig. Sieht man von der Absperrung Gazas durch Israel ab, ist es den Einwohnern von Gaza gelungen, zwölf Universitäten aufzubauen und zu erhalten. Die Palästinenser der neuen Generation haben ein höheres Bildungsniveau, sind besser ausgebildet und ambitioniert und werden folglich bei der weiteren Entwicklung der Region eine entscheidende Rolle spielen.

Das Hauptziel meines Besuchs in Gaza war, einen konkreten Schritt zu tun, Solidarität mit der Bevölkerung, mit der Zivilgesellschaft von Gaza zum Ausdruck zu bringen. Es war eine ganz und gar unpolitische Mission. Ich hatte keinen Kontakt zu Vertretern der Regierung, und diese haben auch nicht das Konzert besucht. Das Publikum bestand aus Kindern und Vertretern der Zivilgesellschaft, besonders von palästinensischen NGOs. Schon längst hatte ich mir gewünscht, Gaza zu besuchen, als Geste der Solidarität mit seinen Leuten, da ihre Isolierung und Abgeschiedenheit in meinen Augen einer der beunruhigendsten Aspekte des palästinensisch-israelischen Konflikts ist. Ich wollte ein Konzert in Gaza geben, um die Absperrung aufzubrechen, zumindest auf kultureller Ebene.

Meine früheren Versuche, dieses Konzert zu spielen, waren fehlgeschlagen, aber die jüngsten Ereignisse in Ägypten haben neue Möglichkeiten in folgender Hinsicht eröffnet: Der problematischste Aspekt jedes Besuchs in Gaza war immer die Überschreitung der Grenze, aber eine der ersten Weisungen der nachrevolutionären Regierung in Ägypten bestand darin, den Grenzübergang in Rafah zu öffnen (der seit 2007 geschlossen war). Das Konzert fand am 3. Mai unter der Schirmherrschaft der Vereinten Nationen statt (vor allem der UNRWA und der UNESCO), doch dass es zustande kam, lag an der engen Zusammenarbeit mit der neuen ägyptischen Regierung. Nachdem die Fragen der Logistik gelöst waren, war es meine Aufgabe, eine Gruppe der besten Musiker zusammenzubringen, die ich je dirigiert habe: Mitglieder der Staatskapelle Berlin, der Berliner und Wiener Philharmoniker, des Orchestre de Paris und des Orchesters der Mailänder Scala haben an diesem Projekt teilgenommen und dabei beachtlichen Mut und Menschlichkeit bewiesen.

Unsere Ankunft in Ägypten am 2. Mai fiel mit einem wichtigen politischen Ereignis zusammen, das die folgenden 24 Stunden hätte dominieren können: der Tötung Bin Ladens in Pakistan. Während das Konzert stattfinden sollte, wurde unsere persönliche Sicherheit der Führung der Hamas anvertraut. Ich habe gelernt, dass in der arabischen Kultur Musik als etwas gilt, das man nur bei freudigen Anlässen genießen kann; und so weigerten sich an diesem 2. Mai die Führer der Hamas nach einer inakzeptablen Erklärung zum Tod von Bin Laden, die Aufführung eines Konzerts zu erlauben, nur einen Tag nach diesem blutigen Ereignis. Die Angst, irgendeine islamistische Gruppe könne es als eine Art tolerierter Feier ansehen, an einem Tag, der eigentlich der Trauer gelten musste, führte dazu, dass das Konzert am Vorabend beinahe abgesagt worden wäre. Das Orchester war schon in El-Arisch, einer ägyptischen Grenzstadt. Man konnte die Spannung mit dem Messer schneiden, bis endlich um ein Uhr morgens aus Gaza die Freigabe des Konzerts erfolgte.

Wir spielten nur Stücke von Mozart. Es fand im Nationalmuseum von Gaza statt, in Al Mathaf, einem Privathaus, dessen Besitzer eine Sammlung antiker Funde angelegt hatte, die zum großen Teil bei Bauarbeiten ans Tageslicht gekommen waren. Sein Ziel, eine historische

Erinnerung für Gaza zu schaffen, und sein Plan, eine moderne Gesellschaft zu entwickeln, sind Symptome des von einer positiven Dynamik geprägten Klimas in Gaza. Die fünfhundert Zuhörer, von denen über die Hälfte Schüler waren, begrüßten das Orchester begeistert, und am Ende des Konzerts nahm ich die Gelegenheit wahr, mich an das Publikum zu wenden und den Grund für unser Kommen zu erklären: den Wunsch, ihnen unsere Solidarität zu bezeugen; den Glauben daran, dass die Zivilgesellschaft in Gaza eine bessere Zukunft schaffen wird; die Überzeugung, dass das Bestreben gerecht ist, einen eigenen und lebensfähigen Palästinenserstaat in den Grenzen von 1967 zu schaffen; die Gewissheit, dass die Lösung des Konflikts nur mit friedlichen Mitteln erreicht werden kann und Gewalt nur die Legitimität der Sache der Palästinenser zerstört.

Die Revolutionen in Tunesien und Ägypten und die Bestrebungen im Jemen, in Syrien, Libyen und Bahrain haben uns bewiesen, dass Erneuerung und Entwicklung durch das Volk gefördert werden und nie von den Regierungen. Wir haben in Gaza eine große Nähe zu den Menschen gespürt, haben über die Möglichkeit eines gemeinsamen Engagements jenseits der Grenzen der Politik gesprochen. Die wichtigste Lektion, die wir dabei gelernt haben, ist, dass der Bau von Brücken zwischen Völkern möglich ist, ohne diese Aufgaben an die Regierungen zu delegieren. Die Entwicklung der Beziehungen zwischen den Regierungen ist zu langwierig, und jetzt schon können wir einen Kontakt zu den Menschen von Gaza herstellen. Wenn sie auf diesem Weg weitergehen, können die Zivilgesellschaften in Israel und in Gaza vorsichtig einen Annäherungsprozess beginnen und Gemeinsamkeiten suchen, auch wenn das auf Regierungsebene undenkbar scheint. Wer weiß, ob nicht eines Tages die Regierungen die von den Menschen gebauten Brücken benutzen, um auch auf dem Weg der Politik eine Annäherung voranzubringen.

Mein Traum ist es, weiter in Gaza zu arbeiten, oft wiederzukommen und meinen Beitrag zu einer Zivilgesellschaft zu leisten, die dynamisch und interessant ist, wie ich selbst feststellen konnte. Ich hoffe, dass ich eines Tages hier mit dem West-Eastern Divan Orchestra auftreten kann. Es ist eine traurige Wahrheit, dass dieses Orchester, das in vielen Teilen der Welt zu einem Mythos geworden ist, noch nie in den Ländern gespielt hat, aus denen die Mehrzahl seiner Mitglieder kommt. Doch es setzt seine Mission fort: den Abbau von Grenzen.

Rede zur Verleihung des Willy-Brandt-Preises *

Ich bedanke mich von ganzem Herzen für diesen für mich ganz besonderen Preis. Dieser Preis ist in meinen Augen kein parteipolitischer Preis, was im Wesentlichen mit der Persönlichkeit Willy Brandts und seiner politischen und menschlichen Leistung zusammenhängt. Willy Brandt war, über alle Parteigrenzen hinweg, nicht nur ein großer Bundeskanzler, sondern ein Visionär, und Visionäre sind – damals wie heute – allzu selten.

Ich denke nur zu gern an meine Begegnung mit Willy Brandt zurück, die in dieser Fotografie festgehalten ist. Der damalige Bundespräsident Richard von Weizsäcker hatte 1990 die Staatskapelle Dresden als erstes Orchester aus der ehemaligen DDR nach Jerusalem eingeladen, und es fand auch ein Konzert in Westdeutschland, in Köln, statt. Wir trafen uns nach diesem Konzert und hatten ein kurzes Gespräch, das mich schon damals die Frage stellen ließ, wie sich die Besonderheit Willy Brandts erklären lässt.

Warum halten auch Generationen später junge Menschen Willy Brandt immer noch für einen der bedeutend-

* Die Rede wurde am 25. Oktober 2011 anlässlich der Verleihung des 1. Internationalen Willy-Brandt-Preises gehalten.

sten Staatsmänner, den wir je gesehen haben? Der Grund liegt entscheidend in Willy Brandts Art zu denken und zu handeln. Wir erleben oftmals, dass Politik zur reinen Machtpolitik wird, in der nur mehr rein taktische Überlegungen zum Machterhalt eine Rolle spielen. Tatsächliche Probleme werden deshalb nicht gelöst, da manche Politiker vor allem mit Taktieren beschäftigt sind. Dies macht die mehr als nur oberflächliche Beschäftigung mit politischen Inhalten unmöglich. Im Gegensatz zu den meisten anderen Politikern aber dachte Willy Brandt nicht nur taktisch, sondern auch strategisch. Er war ein unabhängiger Denker, der die Maxime seines Handelns nicht von machtpolitischen Interessen abhängig machte und sogar Entscheidungen traf, die den eigenen Machterhalt gefährdeten und letztlich aufs Spiel setzten.

In der Musik erleben wir, dass eine Modulation nur entsteht, wenn es eine Strategie gibt, sie kann nicht nur Taktik des Augenblicks sein. Gleiches gilt meines Erachtens auch in der Politik. Willy Brandt war bereit, scheinbar unpopuläre Entscheidungen zu fällen, um langfristige Ziele zu erreichen. Auch ein guter Dirigent muss seine musikalischen Entscheidungen nicht im Hinblick auf schnelle Popularität bei Publikum und Musikern treffen, sondern im Rahmen einer langfristigen Strategie.

Willy Brandts ikonenhafter Kniefall in Warschau war, damals wie heute, ein äußerst mutiger Akt, der durch seine menschliche Tiefe die Versöhnung zwischen den betroffenen Völkern erst möglich gemacht hat. Ich bin überzeugt, dass er, wenn er heute noch lebte, den gleichen Mut im Bezug auf den Nahostkonflikt aufbringen würde. Der

Mut zum strategischen und visionären Denken, den er mit seinem Kniefall bewies, würde sich auch ausdrücken in seiner Haltung zu Israel: Er hatte den Mut zu sehen, dass das jüdische Volk zwar deutsche Hilfe braucht, unbedingt, aber keine blinde Ergebenheit. Er erkannte Deutschlands historische Verantwortung, aber war sich dessen bewusst, dass Teil dieser Verantwortung auch war, der israelischen Regierung kritische Fragen zu stellen. Ein guter Freund lässt den Freund nicht nur gewähren, er weist ihn auch auf Fehler hin. Diese Haltung charakterisierte sein politisches Handeln.

In einer Rede 1982 in London sagte er richtig, dass »die Gefahr von Rassenhass im Allgemeinen und Antisemitismus im Besonderen bei weitem nicht gebannt [ist]. Unsere Wachsamkeit bleibt gefordert.« Aber ebenso sagte er, dass es ihm »im Hinblick auf die Politik der israelischen Führung schwerfällt, sorgenvolle Fragen zu unterdrücken.« Was würde er nur heute, fast dreißig Jahre später, sagen? Damals merkte er zu Recht an, dass das Existenz- und Lebensrecht des jüdischen Staates in arabischen Überlegungen zur Lösung des Konflikts kaum noch bestritten wird und appellierte an die Kompromissbereitschaft der israelischen Führung. Wo in Deutschland, sei es bei Zivilisten oder Politikern, trifft man heute eine derart reflektierte und ehrliche Haltung gegenüber Israel an?

Der von mir angeführte Unterschied zwischen rein taktischem und strategischem Denken wird überdeutlich im folgenden Zitat Willy Brandts: »Ich habe keinen Friedensplan für den Nahen Osten vorzutragen. [...] Worüber ich sprechen kann, ist die Idee der Entspannung und die

Notwendigkeit von Friedenspolitik, über einen Lernprozess – einen schmerzhaften, aber erfolgreichen Prozess – den das Land, aus dem ich komme, in den sechziger Jahren durchgemacht hat. [...] Kernstück jenes Lernprozesses war die ehrliche und bewusste Anerkennung von Realitäten – gleichbedeutend mit dem Verzicht auf den Versuch, mit Gewalt die bestehende Lage [...] zu revidieren.«

Genau dies, die Anerkennung von Realitäten und der beiderseitige Gewaltverzicht, muss nun auch im Nahen Osten endlich geschehen. Es stimmt mich traurig zu sehen, dass die Palästinenser davon abgehalten werden, sich als funktionsfähiger Staat zu zeigen. Der palästinensische Antrag auf Staatlichkeit bei den Vereinten Nationen wird durch Vetos von genau den Staaten geblockt, die die Palästinenser vorher zu ihrem Antrag ermutigt hatten. Diese Politik der Unehrlichkeit lässt den Frieden nur in noch weitere Ferne rücken.

Meine Erfahrung – auch im West-Eastern Divan Orchestra – ist, dass gerade die junge Bevölkerung sowohl in Israel als auch in Palästina zunehmend nach Offenheit und Menschlichkeit strebt und die endlosen Verhandlungen und den politischen Stillstand satt hat. Letztlich handelt es sich nicht um einen politischen Konflikt zwischen zwei Nationen, sondern einen menschlichen Konflikt zwischen zwei Völkern, die zutiefst davon überzeugt sind, jeweils ein ureigenes Recht auf das gleiche Stück Land zu haben.

Nicht zuletzt angesichts der revolutionären Entwicklungen im Bereich der Kommunikation müssen auch im Nahostkonflikt dringend neue Wege der Transparenz und Beteiligung gegangen werden. Als ein besonders eindrucksvolles Resultat der neuen Macht der Kommunikationsmittel haben wir in diesem Jahr die Anfänge der Revolutionen in Ägypten oder Tunesien erleben können, auch wenn das Endergebnis noch nicht abzusehen ist und möglicherweise sehr negativ sein könnte.

Willy Brandts Vision der Entspannungspolitik ist eine im Nahostkonflikt schmerzlich vermisste Perspektive. Schon in den achtziger Jahren erkannte Willy Brandt die Notwendigkeit einer europäischen Haltung, die »Phantasievolleres als Druck« aufzubieten hatte, nämlich die Fähigkeit, beiden Seiten glaubhaft eine Friedensvision zu vermitteln.

Europa muss jetzt, nicht anders als in der Finanzkrise, entschiedener handeln. Die Gefahr, keine Lösung zu finden, wird sonst immer größer – für Israel, für Palästina und für Europa.

Mein Wunsch für die Zukunft, wenn ich einen äußern darf, wäre, dass Politiker sich auf das Vorbild Willy Brandts besinnen und ihr Denken und Handeln auf drei wichtigen Eigenschaften basieren: Vision, Strategie und Mut. Nur so kann ein Politiker unabhängig denken, nur so ist er nicht nur ein Sprecher einer Mehrheit oder Minderheit, sondern ein Sprecher des unabhängigen Denkens. Wie Willy Brandt.

Festrede zur Eröffnung der Salzburger Festspiele *

Neun Jahre war ich alt, als ich im Sommer 1952 zum ersten Mal nach Salzburg kam. Es war überhaupt mein erster Aufenthalt außerhalb von Buenos Aires, meine erste Europareise und meine erste Begegnung mit dem so außerordentlich reichen musikalischen Leben der Salzburger Festspiele.

In den Tagen vor Anbruch des Jet-Zeitalters dauerte die Reise nach Europa entsetzlich lange. Wir waren drei Tage lang unterwegs, erst mit dem Flugzeug – einer Propellermaschine natürlich –, dann mit der Eisenbahn, und als wir endlich in Salzburg eintrafen, war ich völlig erschöpft. Dennoch fiel mir, als wir am Festspielhaus – dem heutigen Haus für Mozart – vorbeikamen, ein Plakat auf, das eine Aufführung der *Zauberflöte* ankündigte. Ich fragte meine Eltern, worum es sich dabei handle, und sie erklärten mir, dass es eine Oper von Mozart sei.

Selbstverständlich gab es keine Karten mehr, doch meine Mutter, die eine sehr unternehmungslustige Frau ohne den geringsten Anflug von Schüchternheit war, meinte, ich sollte doch auf eigene Faust versuchen, irgendwie ins

* Die Rede wurde am 26. Juli 2010 im Großen Festspielhaus gehalten.

Festspielhaus hineinzukommen. Als der kleine Knabe, der ich war, schaffte ich es tatsächlich, mich unbemerkt hineinzuschleichen. Ich entdeckte eine leere Loge, in der ich wie ein kleiner Prinz Platz nahm.

Die Musiker stimmten ihre Instrumente, Karl Böhm schritt ans Dirigentenpult – und ich schlief prompt in der dunklen, gemütlichen Loge ein. Einige Zeit später wurde ich wieder wach, und da ich nicht wusste, wo ich mich befand und wo meine Eltern waren, fing ich in meiner Verwirrung an zu weinen. Ein Logenschließer eilte herbei und beförderte mich umgehend nach draußen – und damit war mein kleines Abenteuer zu Ende.

Als ich Jahre später mit den Wiener Philharmonikern unter Karl Böhm auftrat, erzählte ich ihm diese Anekdote aus meiner Kindheit, was vielleicht nicht klug war, denn er war alles andere als erfreut darüber, dass jemand es fertiggebracht hatte, bei einem seiner Auftritte einzuschlafen. Mein jugendliches Alter war für ihn keine Entschuldigung.

Natürlich traf ich nach diesem Anfangserlebnis damals, 1952, wie auch in späteren Jahren, in Salzburg mit einigen der führenden Musiker der Welt zusammen. Es war ein Ort, an dem man Leuten begegnen konnte, die Brahms noch persönlich gekannt hatten; die geistigen Nachfolger der größten Musiker der Vergangenheit waren anwesend, Zeugen einer anderen Ära. Ich lernte Edwin Fischer kennen und hörte ihn – einen Pianisten, der bis zum heutigen Tag inspirierend auf mich wirkt –, und ich selbst spielte bei jenem ersten Aufenthalt im Jahr 1952 im Rahmen des Abschlusskonzerts von Igor Markevitchs Dirigierklasse ein Konzert von Bach.

1954 traf ich mit Furtwängler zusammen und spielte für ihn; er ließ mich im Orchestergraben neben dem Cembalo sitzen und von dort aus nicht nur Proben zu *Don Giovanni* verfolgen, sondern auch Aufführungen der Oper beiwohnen. Es war alles ungeheuer bereichernd für einen Jungen meines Alters, und der Geist, der in jenen Tagen in Salzburg herrschte, hinterließ einen unauslöschlichen Eindruck bei mir.

Dieser besondere Geist war unter anderem auch der engen Kooperation zwischen den Vorstellungen der Festspiele und den Kursen am Mozarteum zu verdanken. So wurde Markevitch zum Beispiel 1955 einmal krank und konnte die Dirigierklasse nicht selbst leiten; wir Schüler hatten aber das Glück, dass George Szell, Karl Böhm und Dimitri Mitropoulos zugegen waren, von denen jeder den Unterricht für einen Tag übernahm. Hier in Salzburg durfte ich auch die ersten Konzerte und Opernaufführungen mit den Wiener Philharmonikern miterleben.

Es war das erste große Orchester, das ich jemals spielen hörte, und sein einzigartiger Klang und das außergewöhnliche musikalische Gespür seiner Mitglieder hat seitdem niemals aufgehört, mich zu faszinieren und zu inspirieren.

Von Mozart lernte ich genauso viel wie von Furtwängler und den Konzerten und Aufführungen, die ich damals bei den Salzburger Festspielen besuchte. Kein anderer Komponist lässt Stimmungslagen so deutlich werden, auch indem er sie mit den ihnen jeweils entgegengesetzten kombiniert, und das macht die von Mozart zusammen mit da Ponte geschriebenen Opern zu solchen Meisterwerken. *Don Giovanni* ist das perfekte Beispiel dafür; Mozart und da Ponte haben das Werk als *drama giocoso* bezeichnet, und dieser Terminus impliziert schon, dass eine Situation von einem subjektiven Standpunkt aus – in diesem Fall dem Donna Elviras – als tragisch empfunden, objektiv aber komisch sein kann und umgekehrt. Bei Mozart ist das Komische immer von einem düsteren, unangenehmen Unterton begleitet, während das Tragische immer einen komischen oder gar lächerlichen Aspekt besitzt.

Salzburg vermittelte mir nicht nur musikalische Entdeckungen, sondern es war auch der Ort, an dem mein Bewusstsein für die Geschichte des jüdischen Volkes in Europa erwachte. Mit neun hatte ich noch nie etwas vom Holocaust gehört. Zu der Zeit, als ich Furtwängler und Fischer kennenlernte, erfuhr ich auch erstmals, was während des Zweiten Weltkriegs in Europa geschehen war.

Mein Vater lehnte sogar 1954 eine Einladung Furtwänglers an mich, mit den Berliner Philharmonikern aufzutreten, mit der Begründung ab, für einen jüdischen Jungen sei es – neun Jahre nach dem Krieg – noch zu früh, um nach Deutschland zu reisen. Ich erinnere mich noch sehr lebhaft, dass ich nicht begriff, was für ein Unterschied in dieser Hinsicht zwischen Deutschland und Österreich bestehen sollte, und mich später wunderte, dass der Staat Israel es als statthaft ansah, diplomatische Beziehungen zu Österreich zu unterhalten, nicht aber zu Deutschland. Ich fragte meinen Vater danach, erhielt aber nie eine zufriedenstellende Antwort.

Meine Begeisterung über so viel wundervolle Musik und mein Entsetzen über das Schicksal der europäischen

Juden standen in einem so scharfen Gegensatz zueinander wie kontrapunktische Stimmen in einer Mozart-Oper, und wenn ich einen Blick auf jene Zeit zurückwerfe, stelle ich fest, dass meine Erinnerungen an beide Arten des »Erwachens« untrennbar voneinander sind. Genau wie bei Mozart mischte sich Trauer in die Freude, während das Entsetzen von Fröhlichkeit ein wenig abgemildert wurde.

Dass ich gleichzeitig tiefgehende musikalische Erfahrungen machte und mit einer Periode der Unmenschlichkeit konfrontiert wurde, ließ mir etwas bewusst werden, das in der Folge beinahe die Züge einer *idée fixe* bei mir annahm. Es öffnete mir nämlich die Augen für das Paradox, dass Musik uns sowohl die Möglichkeit bietet, die Hässlichkeit der Welt zu vergessen, als auch die Fähigkeit verleiht, die Welt und ihre Gräuel zu verstehen und zu transzendieren.

Mit anderen Worten: Musik ist alles andere als ein Elfenbeinturm. Max Reinhardt schrieb in seinem Festspielkonzept aus dem Juli 1918, dass Salzburg den idealen Veranstaltungsort für die Festspiele abgäbe, die er ins Leben rufen wollte. Ihm zufolge war die Stadt geradezu dazu berufen, »ein Wallfahrtsort zu werden für die zahllosen Menschen, die sich aus dem blutigen Gräuel dieser Zeit nach den Erlösungen der Kunst sehnen«.

Die Uraufführung des *Jedermann* drohte von antisemitischen Kundgebungen unterbrochen zu werden, und nur siebzehn Jahre nach den ersten Festspielen sah Reinhardt sich gezwungen, vor einem blutigen Grauen anderer Art zu fliehen.

Heute, neunzig Jahre nach den ersten Festspielen und fünfundsechzig Jahre nach dem Ende des Zweiten Weltkriegs, erinnern seine Worte uns an die Ideale, die ihn zur Gründung der Festspiele anregten. Max Reinhardt und Hugo von Hofmannsthal strebten nach nichts anderem, als Österreichs nationale und kulturelle Identität nach dem großen Krieg durch die Kunst neu zu bestimmen, den Weg von blutiger Zerstörung zu künstlerischem Schaffen zu weisen, als einem Mittel, das eigene Land und vielleicht ganz Europa zu einen. Sie glaubten inbrünstig an die umwandelnde Kraft von Kunst, vor allem von Musik und Theater. Während der Kriegsjahre mühten sie sich unablässig, Unterstützung für ihr Projekt zu erhalten, als ob die Geburt der Festspiele unerlässlich für die Geburt von Frieden sei.

Jeder, der einen Funken Anstand besitzt, wird heute sagen, dass er Frieden auf der Welt will. Doch wie kann man sagen, dass man Frieden wünscht, und gleichzeitig aktiv Schritte unternehmen, die Aggression auslösen, wenn nicht gar zu einem ausgewachsenen Krieg führen müssen? Wie kann man verkünden, dass man Frieden will, ohne allen Menschen die gleichen Grundrechte einzuräumen? Wie ist es möglich zu erklären, man wünsche Frieden, und gleichzeitig zuzulassen, dass fremdenfeindliche politische Bewegungen überall in Europa immer mehr Zulauf erhalten?

Der neunzigste Jahrestag von Festspielen, die als ein Gegenmittel zum Krieg ersonnen wurden, scheint mir der gegebene Anlass, um darüber nachzudenken, warum wir de facto keinen Frieden haben. Es ist der Anlass, über das

Ziel dieser Festspiele nachzudenken und darüber, welcher Natur die Verbindung zwischen Kultur und den existenziellen Problemen der Welt ist.

Es ist der richtige Zeitpunkt, sich des Einflusses bewusst zu werden, den ein internationales Festival von dieser Bedeutung, von solch hohem künstlerischem Niveau und mit solch einer illustren Geschichte haben könnte. Und vor allem ist es der richtige Zeitpunkt, zu überlegen, welche Verantwortung sich aus einem solchen Einfluss ableitet. Diese Verantwortung besteht darin, eine Quelle der Stärke und der moralischen Autorität zu sein, mit deren Hilfe man extremistische, fundamentalistische Ideologien deradikalisieren oder ihnen entgegenwirken kann. Und sie besteht auch darin, ein Forum für Gespräche über die notwendigen Voraussetzungen für Frieden abzugeben.

Wie oft hören wir von »Friedensprozessen« reden, von »Friedensgesprächen«, »Friedensverhandlungen« und Ähnlichem! Jedermann, von Präsident Ahmadinedschad bis zu Präsident Obama, redet heutzutage über Frieden. Doch wenn jedermann Frieden will, warum sind wir dann noch so weit davon entfernt, ihn wirklich herbeizuführen?

Richard von Weizsäcker näherte sich einer Antwort auf diese Frage an, als er in einer Rede vor dem deutschen Bundestag vierzig Jahre nach dem Ende des Zweiten Weltkriegs sagte: »Es hilft unendlich viel zum Frieden, nicht auf den anderen zu warten, bis er kommt, sondern auf ihn zuzugehen.« Das ist eine Erkenntnis, die auf die unbequeme Wahrheit hinweist, dass das Wort »Friede« mehr als einen Zustand der Nicht-Aggression bedeutet.

Die Wurzel des hebräischen Wortes für Frieden, *sha-*

lom, ist auch die Wurzel des Wortes für Perfektion, *shlemut*, und das Wissen um die linguistische Verwandtschaft der beiden Wörter könnte uns zu der Erkenntnis verhelfen, was die wirklichen Voraussetzungen für Frieden – vor allem im Nahen Osten – sind. Friede verlangt Perfektion, nämlich die Perfektion von Gerechtigkeit, Strategie und Mitgefühl.

Man könnte leicht annehmen, dass Gerechtigkeit, Strategie und Mitgefühl nicht miteinander kompatibel sind. Man kann versucht sein, Mitgefühl zugunsten von Strategie zu opfern, oder glauben, dass Festhalten an Gerechtigkeit nur hinderlich für strategisches Denken ist. Das muss aber nicht so sein; tatsächlich kann man sich Gerechtigkeit, Mitgefühl und Strategie als drei Äste ein und desselben Baumes vorstellen. Friede kann nur erreicht werden, wenn eine für alle Beteiligten günstige Lösung gefunden wird, eine Lösung, die für alle gerecht, in strategischer Hinsicht für alle von Vorteil und in Bezug auf alle moralisch vertretbar ist. Zu warten stellt in keinem Fall eine Option dar, denn wenn man wartet, gestattet man es bloß ungeduldigen, militanten Elementen, die Oberhand zu gewinnen.

Ich habe schon so oft über das Schicksal des israelischen und des palästinensischen Volkes gesprochen, dass ich beinahe das Gefühl habe, in einer Art von endlosem Rondo zu Problemen des Nahen Ostens Stellung zu nehmen und dabei immer wieder auf jene nach wie vor nicht begriffene Tatsache zurückzukommen, dass die Geschicke dieser beiden Völker unlösbar miteinander verwoben sind und die Möglichkeit, ihrer Region Frieden zu bringen, einzig und allein in ihren eigenen Händen liegt und nicht in denen irgendwelcher externer Mächte, wie einflussreich sie auch sein mögen.

Es ist ein Konflikt, der mit keinem anderen vergleichbar ist. Er unterscheidet sich von anderen politischen Konflikten, bei denen es meistens um Grenzziehungen geht oder um unentbehrliche Rohstoffe wie Erdöl oder Wasser und die entweder auf diplomatischem Weg oder mit militärischen Mitteln beendet werden können. Es ist ein menschlicher Konflikt zwischen zwei Völkern, die beide felsenfest von ihrem Recht überzeugt sind, ein und dasselbe winzige Stückchen Land bewohnen zu dürfen. Es ist ein regionaler Konflikt, welcher aber die Stabilität der Machtstrukturen, wie sie zurzeit weltweit bestehen, bedroht.

»Es hilft unendlich viel zum Frieden, nicht auf den anderen zu warten, bis er kommt, sondern auf ihn zuzugehen.« Wie kann man auf den anderen, in diesem Fall das andere Land, zugehen, wenn man nicht auf die Gesamtheit der dort existierenden politischen und anderweitigen Gruppierungen zugeht? Wie kann man das tun, ohne den anderen als gleichgestellt anzusehen und ihn gerecht zu behandeln?

Wenn Israel aufrichtig nach Frieden verlangt – nach einem echten, dauerhaften Frieden und nicht einfach nur nach einem oberflächlichen, der eine Plattform für vage Verhandlungen schafft –, dann wird es, um auf Palästina zugehen zu können, alle dort existierenden Fraktionen anerkennen müssen. Die wirklich brennende Frage ist nicht die, ob die Lösung in der Erschaffung eines Zweivölkerstaats oder in der eines legitimen und souveränen palästinensischen Staats besteht. Die wirklich aktuelle Frage ist die, ob beide Parteien willens sind, aufeinander zuzugehen.

»Es hilft unendlich viel zum Frieden, nicht auf den anderen zu warten, bis er kommt, sondern auf ihn zuzugehen.« Sich dem anderen anzunähern ist eine langfristige Strategie, eine, die sich in der Zukunft auszahlen kann; zu warten, bis der andere zu einem kommt, ist eine kurzsichtige Taktik, eine, die seit mehr als sechzig Jahren erfolglos geblieben ist. Man hat oft gesagt, dass Gerechtigkeit Opfer verlangt, aber was für ein Opfer stellt die Aufhebung der Besetzung palästinensischen Gebiets und der Abriss jüdischer Siedlungen dar?

Die Musik hat mir viele Einsichten vermittelt, die man auch auf das Leben anwenden kann. Eine davon ist die, dass das zeitweise totale Vereinnahmtwerden durch etwas, das ungeheuer schön oder absolut unentbehrlich zu sein scheint, einem im nächsten Augenblick schon übertrieben oder sogar verkehrt vorkommen kann. Es ist in der Tat möglich, unmittelbares Verlangen und eine langfristige Strategie miteinander zu vereinen. Der Musiker muss zu dem in der Lage sein, was Furtwängler »fernhören« genannt hat. Häufig ist es erforderlich, auf das, was einem in einem bestimmten Moment ganz und gar unentbehrlich zu sein scheint, zu verzichten, um die lange Linie der Musik aufrechtzuerhalten. Mit anderen Worten: Man muss ein unmittelbar empfundenes Verlangen mit Blick auf die Zukunft aufgeben, muss es opfern.

Die Musik hat mich gelehrt, an meiner eigenen subjektiven Sicht der Gegenwart festzuhalten, gleichzeitig aber nicht in dieser Sichtweise befangen zu sein, sondern gewissermaßen aus ihr herauszutreten und die objektiven, weitreichenden Folgen zu bedenken, die mein spontanes, einem Impuls folgendes Handeln haben könnte.

Es braucht wohl nicht eigens gesagt zu werden, dass die Folgen, welche sich daraus ergeben, dass man bei einem Musikstück einen besonders schönen Augenblick zu sehr in die Länge zieht, nicht mit den Konsequenzen verglichen werden können, die entstehen, wenn man die Gelegenheit versäumt, einen Weg zum Frieden zu eröffnen. Doch was die Musik einen lehrt, kann auch auf den politischen Bereich angewandt werden: Verzicht von Israels Seite aus auf das, was im Augenblick unentbehrlich zu sein scheint, wird am Ende zu seiner eigenen Rettung beitragen.

Die Alternative ist überhaupt keine; es gibt keine andere Lösung, wenn der Staat Israel eine Zukunft haben will und die Palästinenser irgendwann in den Besitz ihrer Grundrechte gelangen sollen.

Im Lauf seiner gesamten Geschichte ist das jüdische Volk wegen seiner hohen Moral, seines Gerechtigkeitsempfindens und seiner Intelligenz sowohl bewundert als auch verachtet worden. Jetzt ist es an der Zeit, diese Eigenschaften wieder zu entdecken, sich um eine universelle Moral zu bemühen, eine Moral, die wir nicht nur auf uns selbst anwenden, sondern auf alle Völker, einschließlich des palästinensischen. Spinoza, Maimonides und Moses Mendelssohn interpretierten die jüdische Moral immer in einem universellen Kontext. Das sind die Denker, die jetzt unsere Vorbilder sein müssten.

Frieden ist teuer. Doch keinen Frieden zu haben kommt noch teurer und führt in vielerlei Beziehung zu großer sinnloser Vergeudung. Bis beide Parteien dies erkannt haben, werden sie den unvergleichlich höheren Preis des Kriegs zahlen – unvergleichlich höher, weil sie ihn in einer Währung, die völlig inakzeptabel ist, zahlen: in Menschenleben.

Ich fühle mich geehrt, auf dieser Bühne stehen und die Eröffnungsrede zu diesen großartigen Festspielen halten zu dürfen. Ich bin Jürgen Flimm dankbar dafür, dass es ihm im Lauf der letzten Jahre immer wieder angebracht erschien, das West-Eastern Divan Orchestra zu Darbietungen einzuladen, womit er unser Eintreten für einen Dialog zwischen den beiden Völkern unterstützt und eine Rückverbindung zu den pazifistischen Idealen der Gründer der Festspiele herstellt. Er kam und kommt so unserem Wunsch entgegen, zu zeigen, wozu die Menschen des Nahen Ostens fähig sind, wenn sie vereint zusammenstehen.

Ich bin für die mir erwiesene Ehre und die erwähnten Gesten der Unterstützung unendlich dankbar. Ich bin dankbar dafür, dass meine Worte und Ideen denselben Leuten, die auch in meine Konzerte kommen, um mich als Dirigenten oder Pianisten zu erleben, etwas bedeuten. Dennoch empfinde ich Schmerz. Ich fühle mich persönlich zerrissen von jenem Bruch, der zwischen Israelis und Palästinensern besteht, demselben Bruch, der auch Israel daran hindert, eine praktikable Lösung für die Zukunft zu finden. Nichts, was ich sage, kann diesen Bruch heilen, keine Sonate, Symphonie oder Oper kann die tiefe Kluft zwischen zwei Völkern schließen, die nicht willens sind, die notwendigen Schritte zur gegenseitigen Annäherung zu tun.

Jemand muss das Schweigen brechen. Ein Missklang hängt seit Jahrzehnten in der Luft, und es wird mehr als eine Stimme nötig sein, um diese Dissonanz aufzulösen.

»Es hilft unendlich viel zum Frieden, nicht auf den anderen zu warten, bis er kommt, sondern auf ihn zuzugehen.«

Wir haben schon viel zu lange gewartet.

DIALOGE

Gespräch über das West-Eastern Divan Orchestra und anderes *

GIRARDI

Bei zahlreichen Gelegenheiten haben Sie erklärt, dass das West- Eastern Divan Orchestra kein Friedensorchester ist. Können Sie dies ein wenig erläutern?

BARENBOIM

Ich fühle mich sehr geehrt, wenn man vom Divan als Orchester für den Frieden spricht, aber für den Frieden sind andere Instrumente notwendig als die, die mir zur Verfügung stehen. Der Konflikt im Mittleren Osten ist etwas ganz Besonderes, seine Natur und sein »Charakter« müssen genau analysiert werden. Es ist von Frieden die Rede, als ob es um eine militärische oder politische Auseinandersetzung ginge, aber so lassen sich die Dinge nicht beschreiben.

* Dieses Gespräch fand am 12. Juni 2008 in der Aula der Katholischen Universität Mailand statt, nach der Vorführung von ausführlichen Teilen des Videos »Knowledge in the Beginning - The Ramallah Concert«, ein Dokumentarfilm über Entstehung und Geschichte des West-Eastern Divan Orchestra und das Konzert, das die arabisch-israelische Vereinigung am 21. August 2005 in der palästinensischen Stadt Ramallah gegeben hat. An dem Gespräch nahm neben Enrico Girardi, Professor für Musikgeschichte an der Katholischen Universität Mailand, auch Stéphane Lissner teil, Intendant des Teatro alla Scala.

Ich bin in Israel aufgewachsen, bin dort zur Schule gegangen, und auf den Reisen, die ich seit 1962 unternommen habe, also mehr als vierzig Jahre lang, habe ich immer, wenn ich eine Zeitung zur Hand nahm, gefürchtet, auf der ersten Seite etwas zu finden, was mit dem israelisch-palästinensischen Konflikt zu tun hat. Wie viele Tote auf der einen und wie viele auf der anderen Seite. Was ist hier nicht in Ordnung, was dort? In den letzten Jahren leide ich noch mehr darunter, weil es diese Nachrichten immer noch gibt, sie aber nicht mehr auf der ersten Seite veröffentlicht werden, weil sich die ganze Welt daran gewöhnt hat, diesen Konflikt ausschließlich politisch oder militärisch zu betrachten, oder besser gesagt, als einen politischen Konflikt zwischen zwei Nationen, die sich um Wasser, Öl, Territorien und Wirtschaftsentwicklungen streiten, was in eine militärische Auseinandersetzung mündet. Dabei ist der israelisch-palästinensische Konflikt ein Konflikt zwischen Menschen. Politik und Militär kommen erst danach, denn es geht um einen menschlichen Konflikt zwischen zwei Völkern. Zu beiden gehören ungefähr sieben Millionen Menschen, die überzeugt sind, ein historisches, philosophisches, anthropologisches und religiöses, also im Grunde menschliches Recht zu haben, auf dem Gebiet der anderen zu leben. Deshalb ist eine militärische Lösung nicht möglich. Wie soll man ein Problem militärisch lösen, das sich in den Herzen der Menschen befindet? Je mehr ich die Natur dieses Problems verstehe, desto mehr leide ich darunter. Es muss erklärt werden, wie diese Situation entstanden ist, warum die Leute sich nicht mehr daran erinnern. Deshalb besteht für mich die einzige

Lösung darin, Leute in Israel und Palästina zu finden, die mit einer solchen Analyse einverstanden und bereit sind, gemeinsam nach einer Lösung suchen. Es gibt objektiv nur drei Möglichkeiten: entweder ein Leben in einem binationalen Land mit einer Bevölkerung von sieben plus sieben Millionen Einwohnern, eine Lösung, die für Israel und die Juden nach dem Holocaust inakzeptabel ist; oder zwei unabhängige Staaten, die eventuell nach einiger Zeit eine Föderation bilden; diese Lösung ist für die Palästinenser nur schwer zu akzeptieren, weil sie immer überzeugt waren, dass dieses Land ihnen gehört. Oder sie bringen sich alle gegenseitig um. Eine vierte Möglichkeit gibt es nicht.

Ich tue also, was ich kann. Dies ist keine Arbeit für den Frieden, sondern gegen das Unwissen, die Nichtwahrnehmung dessen, worum es bei dieser Frage geht. Ich arbeite gegen Ignoranz und falsche oder illusorische Lösungen an. Und was ich mit dem Divan mache, geschieht nicht, um Politiker zu beeinflussen, sondern aus der inneren Notwendigkeit, ein kleines Modell einer Gesellschaft mit anderen Werten zu schaffen.

GIRARDI

Auf die zweite Frage haben Sie bereits geantwortet, denn es ging darin um die Überlegung, dass uns diejenigen, die die Musik zu politischen Aufrufen verwenden, ebenso missfallen wie diejenigen, die Politik nutzen, um Musik zu machen, und es ist nur zu deutlich, dass die Initiative des Divan einer solchen Dynamik fremd ist. Ich meine, es liegt kein Widerspruch zwischen dem, was ich gerade gesagt habe, und der Aussage, dass das Divan in erster Linie eine exzellente musikalische Schule für die jungen Leute ist, aber auch ein bestens geeigneter Ort, Bildung auf jedem Niveau zu erlangen. Also auch im Bereich der Politik, der Humanität und der Religion. Gerade im Hinblick auf Religion habe ich aus Ihrem Buch *La musica sveglia il tempo* (»Musik weckt die Zeit«) und dem vorherigen *Paralleli et Paradossi* (»Parallelen und Paradoxien«) gelernt. Ich möchte einen Satz daraus zitieren: »Musik und Religion stellen uns mit dem Paradox auf die Probe, das dem Versuch des endlichen Wesens, unendlich zu werden, anhaftet.« Hieraus ergeben sich für mich zwei Fragen: Die erste lautet, wie sehr in den Beziehungen zwischen den Musikern, die zu diesem Orchester gehören, das Problem der Religion wahrgenommen wird.

BARENBOIM

Kein bisschen.

GIRARDI

Die zweite Frage, ich hoffe, sie ist nicht zu indiskret und persönlich: Welche Bedeutung haben religiöse Gefühle für Sie?

BARENBOIM

Wissen Sie, was Albert Einstein über die Religion sagte? Dass Religion nichts sei als das Ergebnis mangelnder Sicherheit von Menschen und der Ausdruck von Aberglauben. Deshalb sei das Wissen die Grundlage jeglichen menschlichen Fortschritts. Ich muss sagen, ich bin mit ihm zweihundertprozentig einverstanden. Es gibt noch immer so viele Leute, die Angst vor dem Wissen haben. Ich weiß durch das Beispiel so vieler Musiker, dass sie einen Instinkt besitzen, eine sehr klare Intuition, aber sie haben Angst vor dem Wissen, weil sie fürchten, ihre Lebhaftigkeit zu verlieren. Ich hingegen bin davon überzeugt: Je mehr man begreift, desto größer wird die Fähigkeit zu fliegen, Phantasie und Vorstellungskraft zu haben. Wissen ist niemals ein Hindernis.

Der Mensch will immer Verantwortung auf andere übertragen, entweder auf Objekte oder auf Ideen zu Dingen, im Bezug auf die er keine eigene Verantwortung übernehmen will. Was ist zum Beispiel ein Messer? Ein Gegenstand der Gewalt, mit dem ich jemanden umbringen kann, oder ein Instrument, mit dem ich Brot schneiden und es jedem geben kann, der es haben möchte oder braucht? Das Messer hat in Wirklichkeit keinerlei moralische Eigenschaften. Der Mensch überträgt sie darauf. Und so ist Angst vor Wissen und Erkenntnis dasselbe wie zu sagen: »Ich will nichts mit Messern zu tun haben, weil ich mit ihnen vielleicht jemanden umbringen werde.« Ich will damit sagen, dass das Wissen durch Menschen kontrolliert werden muss. Und dass Wissen nur eins sein darf, nämlich nützlich. In diesem Sinne ist Religion für mich eher eine Frage des Gefühls. Ich glaube an nichts. Aber ich erkenne an, dass die Inspiration, die aus der Religion stammt, von nirgendwo anders herkommen kann. Sie ist Ausdruck der Tatsache, dass es etwas gibt, das größer ist als jeder von uns und jedem die Wahrnehmung des Ewigen vermittelt. Ich weiß nicht, ob das Mose, Jesus Christus oder Mohammed ist. Und, ehrlich gesagt, interessiert es mich auch nicht.

Aber ich weiß, dass das Wissen irgendwann an Grenzen stößt, während es bestimmte Dinge, Ideen oder Gefühle gibt, darunter den Willen zum Fortschritt, die selbst nach dem Tod eines Individuums weitergehen. Also gibt es etwas, das der Mensch weder analysieren noch zum Ausdruck bringen kann. Mir genügt das Gefühl, dies zu wissen, aber ich will mir keine Gedanken darüber machen, was hinterher ist, weil ich es nie wissen werde und, um es zu wissen, verpflichtet wäre, mich auf einen Weg der Spekulation zu begeben, und das gefällt mir nicht.

GIRARDI

Und was hat die Musik mit alldem zu tun?

BARENBOIM

Die Musik ist der Ausdruck dieses Gefühls. Durch die Musik kann man über die Grenzen des Menschlichen hinausgehen. Wie oft habe ich Musiker des Orchesters sagen hören: »Es hat mir heute so gut gefallen, den Trauermarsch zu spielen!« Können Sie sich jemanden vorstellen, der sagt: »Heute hat es mir solchen Spaß gemacht, auf den Friedhof zu gehen?« Nein. Ich will damit sagen, dass diese Übersetzung der Idee in Klang, dieses Phänomen, das körperlich beginnt und dann metaphysisch wird, uns Musikern vielleicht die Fähigkeit gibt, Augenblicke zu erleben, die über menschliche Möglichkeiten hinausgehen: zum Beispiel gleichzeitig lachen und weinen zu können wie jede musikalische Phrase.

Girardi

Sie sagen an einer anderen Stelle in *Paralleli e Paradossi,* dass wahre Meisterwerke zeitlos sind, weil sie die Sprache ihrer Zeit verwenden und von den Problemen ihrer Epoche sprechen, die aber dann zu Problemen aller Zeiten werden. Um dies zu erklären, verwenden Sie eine höchst wirkungsvolle Wendung. Sie schreiben, dass die Meisterwerke »permanent zeitgenössisch« sind. Diese Definition führt mich zu einem Thema, über das in der heutigen musikalischen Welt heftig debattiert wird, nämlich die Frage, wie man heute ein Meisterwerk aufführen soll. Die Aussage, dass ein Meisterwerk permanent zeitgenössisch ist – bedeutet sie, dass ein Opernregisseur die Freiheit hat, es in jede beliebige Situation, Zeit oder Ort zu versetzen?

Barenboim

Man muss unterscheiden zwischen der Regie, dies ist eine Sache, dem Bühnenbild und den Kostümen, die etwas anderes sind. Wie oft hört man heute Leute sagen: »Ich habe ein Stück gesehen, in der Scala oder in Berlin oder an der Met, und die Regie hat mir ganz besonders gefallen.« Dann unterhält man sich weiter und entdeckt, dass sie das Bühnenbild, die Kostüme oder die Beleuchtung meinen. Überdies muss man voraussetzen, dass es in den Musiktheatern zwei »Impotente« gibt. Der erste ist der Dirigent, der einzige Musiker der Welt, der keinen physischen Kontakt mit dem Einzigen hat, was Musik zum Ausdruck bringt, dem Klang. Der Dirigent ist da und bewegt sich, aber nicht er bringt die Töne hervor, sondern die Musiker des Orchesters. Was macht also der Dirigent, wenn er keinen musikalischen Kontakt mit dem Klang hat?

Der andere ist der Regisseur, der im Unterschied zum Dirigenten nicht mal eine Partitur hat. Der Regisseur hat das Libretto, das eine Geschichte erzählt, aber bei genauerer Betrachtung ist er noch impotenter als der Dirigent. Beide sind wie zwei Eunuchen im Harem, aber der Regisseur ist es in höherem Maße. Sie lachen, aber das ist kein Witz. Es ist ernst gemeint. Ich meine nämlich Folgendes: Der Dirigent muss genaue Kenntnisse vom Klang haben, weil der Klang ein körperliches Phänomen ist, das nicht einfach da ist, sondern immer wieder durch ein Musikinstrument oder die Stimme eines Sängers hergestellt werden muss. Der Dirigent muss ihn ins *hic et nunc* tragen. Was bedeutet das? Ich will damit sagen: Da der Dirigent nicht selbst spielt, kann er sich nicht mit einem gewissen *feeling* vor das Orchester stellen, sondern muss genaue Kenntnisse haben, bevor er eine gewisse Intuition entwickelt, er muss die gesamte Partitur kennen und in der Lage sein zu erreichen, dass alle Musiker auf dieselbe Weise und in derselben Form denken, spielen und singen wollen. Dann wird ein Klang ins Hier und Jetzt getragen.

Der Regisseur muss noch mehr Kenntnisse haben, weil er, wie gesagt, nicht mal eine Partitur hat, der er folgen könnte. Er liest einen Text, den auch wir Dirigenten lesen, aber dann muss er sich ein Schauspiel ausdenken, muss sich alles visuell vorstellen. Und hier kommen alle wichtigen Faktoren künstlerischer Arbeit ins Spiel. Der erste ist die einfache Fähigkeit, einen Text zu lesen, der zweite die Notwendigkeit, sich einen Subtext zu schaffen. Jedes Mal, wenn wir eine Notiz lesen wie »Gestern geschah dies ...«, schafft sich jeder von uns einen Subtext, der sagt: »Aber wie ist denn das möglich ...«, »Aber wer hat das denn gesagt ...«.

Während der Dirigent jedes Instrument kennen muss, muss der Regisseur sich in Psychologie, Philosophie, Anthropologie, Psychoanalyse und vielen anderen Dingen auskennen. Und er muss die Fähigkeit besitzen, eine organische Mischung zwischen dem Text zu schaffen, den er vor Augen hat, und dem Subtext, die seine hoffentlich blühende Phantasie ihm zu schaffen erlaubt. Er darf dabei nie vergessen, dass die Rechtfertigung dieses Subtextes nur aus dem Text selbst kommen darf.

Deshalb kann eine Regie symbolisch sein, naturalistisch, modern, historisch, abstrakt oder wie immer man will, aber diese beiden Elemente sind notwendig, um die Geschichte zu erzählen und es auf individuelle und künstlerische Weise zu tun. So stellt sich mir nicht die Frage, ob die Regie modern sein soll oder nicht. Wenn eine Inszenierung modern ist, frage ich mich: »Erzählt diese moderne Regie die Geschichte, die sie erzählen soll, oder nicht?« Wenn die Inszenierung historisch oder traditionell ist, frage ich mich: »Erzählt sie etwas Neues oder Originelles oder nicht?« Wenn die Antworten auf die eine oder andere Frage negativ sind, handelt es sich um Regiearbeiten, die nichts taugen.

GIRARDI

Seit dem Weihnachtskonzert von 2005 mit der 9. Sinfonie von Beethoven und dem *Tristan* vom Dezember 2007 bis heute: Können Sie mir erzählen, welche berufliche – Beziehung Sie zum Orchester des Teatro alla Scala aufgebaut haben, das Sie kürzlich »Maestro der Scala« genannt hat?

Barenboim

Eigentlich hatte ich meinen ersten Kontakt mit der Scala nicht beim Weihnachtskonzert 2005, sondern viele Jahre früher. In den siebziger Jahren habe ich einige Konzerte dirigiert, an die ich ein paar - wie soll ich sagen - besondere Erinnerungen habe. Ich war um die dreißig, und Claudio Abbado, damals musikalischer Leiter, sagte zu mir: »Jetzt, wo du so viel Bruckner machst, solltest du kommen und seine Sinfonien an der Scala dirigieren.« Ich sagte: »Bist du verrückt? Bruckner-Sinfonien in Italien?« Damals wurde Bruckner sehr selten gespielt, und in Italien noch weniger. Abbado aber blieb hartnäckig: »Nein, nein, komm! Du wirst sehen, die Musiker sind ausgezeichnet, sie sind aufgeschlossen ...« Da nahm ich sein Angebot an. Eines Tages Ende Juni kam ich an, es war wirklich heiß, und die erste Probe sollte von 20 bis 23 Uhr stattfinden. Das Orchester kannte mich als Pianisten, aber nicht als Dirigenten. Sie hatten die 7. Sinfonie von Bruckner noch nie gespielt, und ich bin sicher, dass sie sie auch noch nie gehört hatten. Ich komme also um acht Uhr zur Probe und sehe, dass sie alle müde sind, müde und schweißgebadet, und ich fange an, den ersten Satz zu proben. Eine Katastrophe!

Nach einer Stunde oder fünf Viertelstunden merke ich, dass ich nur fünf oder sechs Minuten Musik gemacht habe, und wenn ich so weitergemacht hätte ... Deshalb – eine ideale Methode in solchen Situationen – sage ich: »Pause!« Dann versuche ich, positiv zu denken, und komme zu dem Schluss, dass ich so nicht weitermachen kann. Ich muss ein Stück finden, das als Ganzes gespielt wird und das Orchester in die Lage versetzt, sich eine Vorstellung davon zu machen, wie diese Sinfonie sich entwickelt, und vielleicht sogar bewirkt, dass ihm das Spielen ein gewisses Vergnügen bereitet. So nehme ich also den langsamen Satz der Siebten, der fünfundzwanzig Minuten dauert, und lasse ihn von Anfang bis Ende spielen, fünfundzwanzig Minuten lang. Am Ende dieser fünfundzwanzig Minuten, die in einem *pizzicato* enden, hebe ich den Akkord der Hörner auf, und zum ersten Mal seit acht Uhr – es ist inzwischen schon zehn – herrscht völlige Stille.

Ich denke in meiner Unschuld: »Irgendetwas an dieser Musik hat sie endlich berührt ...« Und gerade, als ich dies denke, sagt der Erste Bratscher zu mir: »Entschuldigung, Maestro, aber wie lange dauert die ganze Sinfonie?«

So begann es vor etwa vierzig Jahren. Jetzt habe ich dies mit etwas Humor erzählt. Inzwischen hat sich das Orchester sehr verändert. Mit Abbado und Muti hat es nicht nur Opern gespielt, sondern auch Sinfonien, und das ist von großer Bedeutung. So hat es heute ein enormes Repertoire und kann jede Herausforderung annehmen.

In den letzten Jahren hat mich Begeisterung gepackt, und ich habe mich in das Orchester der Scala verliebt, weil ich gespürt habe, dass kein Detail zu gering ist, um die Musiker zu interessieren, die daran beteiligt sind. Damit will ich sagen, die Musiker der Scala spielen nicht nur sehr gut – es gibt ja viele andere Orchester, die gut spielen –, sie haben nicht nur in dieser oder jener Hinsicht manche besonderen Qualitäten, sie sind vor allem neugierig, und je geringer ein Detail ist, desto mehr fasziniert es sie. Dies ermöglicht es uns, so weit zu kommen, dass wir auch in die kleinsten Einheiten der Musik eindringen, etwa den kleinen Seufzer in einer Phrase, die viele andere Orchester für unwichtig gehalten hätten. Dies ist der Unterschied, und der hat mich fasziniert.

GIRARDI

Ich habe Sie vorhin drei Mal das erste Thema, seine Entwicklung und den Anfang des zweiten Themas im ersten Satz der Waldstein-Sonate von Beethoven hören lassen, die Sie Ende der sechziger Jahre, Anfang der Achtziger und später, 2005, aufgenommen haben.

BARENBOIM

Wollen Sie mir damit sagen, die Entwicklung ist nicht bedeutend genug, und es ist nicht gerechtfertigt, dass ich die Waldstein-Sonate in der nächsten Woche wieder spiele?

GIRARDI

Spaß beiseite, ich möchte über Interpretationen sprechen. Es wird ziemlich deutlich, dass die zweite Aufnahme »romantischer« ist. Mit deutlicheren Akzenten in Dynamik und Farbe, die dritte ist eher linear, »narrativ«, während die erste eine Art Weg zwischen den beiden ist. So frage ich Sie, welche Faktoren haben am meisten Einfluss auf den Moment, in dem Sie ein Stück spielen, das sie schon so oft in der Vergangenheit gespielt haben: das Klavier, auf dem Sie spielen, die Form des Konzertsaals, der seelische Zustand des Augenblicks oder das Publikum?

BARENBOIM

Das ist eine langweilige Frage. Das sind alles Dinge von früher.

GIRARDI

Ja, aber Sie spielen in ein paar Tagen wieder die Waldstein-Sonate.

BARENBOIM

Mich interessiert nur, wie ich sie nächste Woche spiele. Ich versichere Ihnen – ob Sie es glauben oder nicht –, heute habe ich diese Aufnahmen zum ersten Mal gehört. Sie haben mich nie interessiert. Und ehrlich gesagt interessieren sie mich heute noch weniger. Mich interessiert auch nicht, ob es eine Entwicklung gibt oder sonst etwas. Mir liegt daran, sie wieder zu studieren und zu sehen, wie ich sie heute spiele, fünfzig Jahre nachdem ich sie zum ersten Mal gespielt habe. Die Leute fragen mich: »Sind Sie es nicht leid, manche Stücke so viele Jahre zu spielen?« Und ich denke dann, dass es nie dieselben Stücke sind, und wenn sie es sind, dann bin ich nicht derselbe. Aber ich habe kein Interesse daran, die Veränderungen in der Vergangenheit zu betrachten. Die Vergangenheit in der Musik, im Leben oder in der Politik interessiert mich nur in dem Maße, in dem sie Einfluss auf die Gegenwart hat. Man muss sich der Vergangenheit zuwenden, um die Gegenwart besser zu verstehen. Aber nicht in »philologischer« Absicht und auch nicht aus einer bestimmten Nostalgie heraus, die meiner Ansicht nach auch nicht allzu gesund ist.

Girardi

Möchten Sie auf die Fragen einiger Studenten antworten? Die erste lautet folgendermaßen: Das Musikstudium verlangt Hingabe und Opfergeist. Ich möchte wissen, auf wie viel Sie verzichtet haben, um dort anzukommen, wo Sie jetzt sind.

Barenboim

Auf nichts. Und ich füge hinzu: Wenn jemand um der Musik willen darauf verzichtet, sein Leben zu führen, dann kann er kaum ein guter Musiker werden, denn es ist bekannt, dass Lebenserfahrung einen wichtigen Beitrag zur Musik leistet außer im Fall von Wunderkindern. Denken Sie an Yehudi Menuhin, der mit elf Jahren an einem Abend mit den Berliner Philharmonikern ein Konzert von Bach, das Beethoven-Konzert und das Brahms-Konzert gespielt und dabei eine solche Reife unter Beweis gestellt hat, dass der große Einstein, dem zufolge Religion Ausdruck mangelnder Sicherheit ist, sagte: »Jetzt spüre ich, dass es einen Gott gibt.« Es ist klar, dass ein elfjähriger Junge noch nicht weiß, was sexuelle Leidenschaft ist, die auch Teil der Musik ist. Aber lassen wir diese außergewöhnlichen Fälle beiseite. Bleiben wir bei der Tatsache, dass eine gute Lebenserfahrung zu größerem Reichtum im musikalischen Ausdruck führt. Und dass dies natürlich wahr ist.

Doch auch das Gegenteil ist wahr, es funktioniert auch im umgekehrten Sinn. Ich zum Beispiel habe dank der Musik viel über die Art und Weise gelernt zu denken und zu handeln, über Moral, Politik, Mathematik, die ich in der Schule hasste. Das heißt, in jedem Augenblick, den man in und mit der Musik verbringt, verzichtet man nicht auf die anderen Dinge, alles hängt miteinander zusammen. Ich hatte intelligente Eltern, die mir erlaubt haben, auf harmonische Weise aufzuwachsen und mich nicht nur dem Studium der Musik zu widmen, sondern auch anderen Dingen, der Schule, dem Lesen, dem Spiel, genau wie die anderen Kinder. Ich musste nicht zwischen Musik oder Fußball wählen. So habe ich beides getan, weil ich die Musik ebenso gernhatte wie den Ball. Und so ist es heute noch.

GIRARDI

Und hier die nächste Frage: Welche Beziehung haben Sie zu leichter Musik?

BARENBOIM

Zur leichten Musik? Eine sehr leichte Beziehung ...

GIRARDI

Die dritte Frage: Wenn Sie ein Orchester dirigieren, wie sehr denken Sie dann an die technische Seite der Aufführung, und wie viel Raum geben Sie dem Gefühl?

BARENBOIM

Musik machen bedeutet, einen Zustand zu erreichen, in dem man Denken und Empfinden, Technik und Emotion nicht voneinander trennen kann. Genau das ist das ABC, nach dem ich Musik denke und spiele. Wenn ich ein Orchester dirigiere und etwas nicht gut läuft, überlege ich nicht, was ich denken oder tun könnte, damit es technisch besser wird. Ich versuche vielmehr, es als Ganzes anzugehen. Und wenn der Klang nicht stimmt, muss man ihn im Ganzen untersuchen und sagen: »Es ist zu laut ... es ist zu leise ... es dringt nicht genügend durch ... bitte bewegen Sie den Bogen so, nutzen Sie den Atem so etc.«, sodass der technische Aspekt Auswirkung auf den musikalischen Inhalt hat und umgekehrt.

Girardi

Die vorletzte Frage der Studenten: Wenn Sie am Ende eines Sinfoniekonzerts oder einer Oper mit dem Spiel des Orchesters unzufrieden sind, wie reagieren Sie dann?

Barenboim

Ich lese am nächsten Tag die Zeitung. Nein, das war ein Scherz. Wenn man die Bühne betritt, ist da ein Element, das es während der Proben nicht gibt, auch wenn man dort ein Stück ohne Pause bis zum Ende spielt. Um 20 Uhr beginnt das Konzert, und man muss um 20 Uhr spielen. Also gibt es eine Dimension der Unausweichlichkeit, die ich sehr mag. Ich habe keine Angst davor. Ich glaube, dass die Kollegen, die das Publikum fürchten, vergessen, dass ihnen kein Arzt verordnet hat, ein Konzert zu geben. Wer ins Konzert geht, der möchte, dass es schön wird. Das Dümmste, was man sich sagen kann, ist: »Ich bin nervös, weil ich nicht weiß, ob es gefallen wird.« Die einzige Spannung besteht gegenüber der Musik. »Bin ich heute in Form? Bin ich mit meinem Geist, meinen Fingern, Gedanken und meiner Konzentration wach genug, um alles, was ich in dieser Musik lese, sehe und spüre, auszudrücken?« Diese Frage stelle ich mir. Und im Hinblick darauf bin ich nervös.

Dann kommt der Moment, da man die Bühne betritt, und zu diesem Zeitpunkt bin ich immer froh. Manchmal bin ich überrascht, aber zugleich freue ich mich zu sehen, dass nach achtundfünfzig Jahren auf der Bühne immer noch Leute da sind, die kommen und mich hören wollen. Und wenn ich das Publikum begrüße, versetzt mich das Gefühl, alle diese Leute zu sehen, die mich vielleicht vor fünfzig Jahren gehört haben, in heitere Stimmung. Dann setze ich mich ans Klavier oder trete ans Pult. Und wenn ich zu spielen beginne, genau in diesem Augenblick, beginnt ein unausweichlicher Prozess, der bei einer Bruckner-Sinfonie fünf Viertelstunden dauert, eine Stunde und zwanzig Minuten bei einem *Tristan*-Akt und eine Minute fünfzig Sekunden bei einem Walzer von Chopin. Das ändert sich nicht.

An diesem Punkt und erst nach diesem unausweichlichen Moment muss ich die Möglichkeit haben, mich bewusst zu erinnern, was ich gemacht habe, wie wenn man einen Film rückwärts schaut, und ich muss die Gelegenheit haben zu sagen: »Warum habe ich das gemacht? Und warum jenes? Das habe ich nie gedacht, aber es ist mir gut gelungen ...« Man muss die Fähigkeit haben, bewusst darauf zurückzukommen.

Girardi

... also zählt manchmal die Vergangenheit doch ...

Barenboim

Ja. Aber nur in dem Sinn, dass sie eine Lektion für die Zukunft ist. Wenn man sich nicht bewusst dem zuwendet, was geschehen ist, dann ist man abhängig von den Journalisten, muss am Tag nach dem Konzert die Zeitung lesen, um zu begreifen, ob man gut war oder nicht. Ich habe das Glück, wunderbare Kritiken für Konzerte bekommen zu haben, mit denen ich nicht zufrieden war, und andererseits schreckliche Kritiken für Konzerte, die ich recht gut fand. Aber es ist auch vorgekommen, dass dasselbe Konzert diametral entgegengesetzt beurteilt wurde. Als ich noch ganz jung war und mit dem A-Dur-Konzert KV 488 für Klavier und Orchester von Mozart debütierte, schrieben die Kritiker von *La Nación* und *La Prensa* gegensätzliche Dinge: zum einen, man habe seit Mozart nicht mehr so ein Wunderkind gehört, und zum anderen, es sei unverständlich, dass das Teatro Colón einen so jungen talentlosen Pianisten habe spielen lassen. Da sagte mir mein Vater – und das war sehr intelligent von ihm –, ich solle mein eigener Kritiker werden, um nicht vom Urteil anderer abhängig zu sein. Deshalb bin ich nicht über die Maßen glücklich, wenn die Kritiken gut sind, aber auch nicht allzu betrübt, sind sie es nicht.

Girardi

Und hier die letzte Frage: Wie gelingt es Ihnen, sich sämtliche Klaviersonaten von Beethoven zu merken?

BARENBOIM

Ich habe ein gutes Gedächtnis, weil ich keine Musik lesen kann und nach Gehör spiele. Spaß beiseite. Das Gedächtnis ist ein Muskel, den man trainieren muss. Ich bin sicher, wenn ich begänne, neue Stücke auswendig zu lernen, würde ich die Erinnerung an das bereits Gelernte verlieren. Muskeln müssen ja auch immer wieder bewegt werden. Das Gedächtnis ist ein Talent, eine Fähigkeit, die nicht unbedingt mit Musik zu tun hat, aber zugleich eng mit ihr verbunden ist, weil es so viele Arten von Gedächtnis gibt. Das fotografische Gedächtnis zum Beispiel. Rubinstein hatte ein außergewöhnliches fotografisches Gedächtnis. Einmal hat er in New York, während ich dirigierte, das erste Klavierkonzert von Brahms gespielt, da war er fünfundachtzig, also spielte er das Konzert seit fast achtzig Jahren. Während der Probe machte er einen kleinen Fehler. Wir beschlossen, hinterher gemeinsam zu essen, und auf dem Weg ins Restaurant sagte er zu mir: »Vor dem Essen muss ich in den Musikladen gehen, weil ich meine Noten in Paris vergessen habe. Hast du gemerkt, dass ich einen dummen Fehler gemacht habe?« Dann fügte er hinzu: »Bleib du im Auto, ich gehe rein.« Ich wartete fünf, zehn Minuten auf ihn, und dann kam er ohne Noten heraus. »Hast du sie nicht gefunden?«, fragte ich, und er antwortete: »Sie hatten nicht dieselbe Ausgabe, die ich zu Hause habe, und ich weiß, dass auf der dritten Seite ein Kaffeefleck ist, ich muss in meiner Ausgabe nachsehen. Nach dem Essen musst du mir einen Gefallen tun und mit zu mir ins Hotel kommen und mir die Stelle vorspielen, an der ich den Fehler gemacht habe.« Das war ihm lieber, als eine fremde Ausgabe zu kaufen, die ein anderes Layout hatte. Er fürchtete, seine fotografische Erinnerung durcheinanderzubringen.

Ein anderer großer Pianist, Edwin Fischer, sagte immer, er habe ein Gedächtnisproblem und vergäße im Konzert oft Passagen. Aber er hatte eine so große Fähigkeit zu improvisieren, dass es keiner merkte. Er erklärte mir: »Es ist wichtig, immer denselben Fingersatz zu verwenden, denn wenn alles andere nicht funktioniert, das Gehirn nicht mitmacht, man nervös ist, alles vergessen hat, laufen die Finger dahin, wo sie sollen.« Er hatte ein taktiles Gedächtnis.

Es gibt aber auch ein akustisches Gedächtnis, das sehr wichtig ist. Das Ohr ist meiner Meinung nach das intelligenteste Organ unseres Körpers. Und ein Teil dieser Intelligenz ist das Gedächtnis. Was machen Sie, wenn Ihnen jemand seine Telefonnummer geben will und Sie nichts zu schreiben haben? Automatisch wiederholen Sie: 3287 ... Denn wenn Sie es laut sagen, schärfen Sie das Gedächtnis Ihres Ohrs, das sehr stark ist, sonst brauchten Sie es nicht zu tun.

Ich habe, als ich jung war, viel Repertoire auswendig gelernt, und ich kann Ihnen sagen: Alles, was ich bis zu fünfundzwanzig Jahren gelernt habe, hat sich mir eingeprägt, ich habe Erinnerungslücken wie jedermann, aber es ist wie für immer gedruckt. An das, was ich später gelernt habe, erinnere ich mich weniger gut.

Jetzt bin ich vierundzwanzig ...

Gespräch über Carmen*

Girardi

Da wir die Aufgabe haben, über eine Oper zu sprechen, scheint es mir sinnvoll, vom Untertitel auszugehen, der das Genre bezeichnet, dem sie angehört. Bei *Carmen* handelt es sich um eine Opéra-comique.

Barenboim

Carmen ist ganz sicher eine Opéra-comique und entspricht mit ihrem Wechsel von gesungenen und gesprochenen Passagen dieser Art des Musiktheaters. Was aber ihren dramatischen Inhalt angeht, darf man sich nicht täuschen, weil in manchen Teilen Humor herrscht und andere tragisch sind. Es verhält sich wie in den Mozart-Opern nach den Libretti von da Ponte, in denen die Musik niemals komisch oder tragisch, sondern immer komisch und tragisch ist. Sie weint und lacht zur selben Zeit. Und gerade darin besteht die Größe der Musik: Sie ist die einzige Erfindung der Menschheit, bei der Dinge zu-

* Dieses Gespräch fand am 24. November 2009 in der Aula der Katholischen Universität Mailand statt und wurde als Einführung in die Produktion von *Carmen* veranstaltet, mit der die Opernsaison 2009/10 in der Scala eröffnet wurde. An dem Gespräch nahm auch Emma Dante teil, die Regisseurin der Aufführung.

sammengebracht werden können, die im Leben getrennt sind.

Girardi

Apropos Zusammenbringen, hier finden wir kultiviertes, höchst raffiniertes Material in Symbiose mit folkloristischem ...

Barenboim

Ja, aber Vorsicht. Die folkloristischen Elemente in *Carmen* stammen keineswegs nur aus dem iberischen Raum. Oft wird dieses Werk als Ansammlung spanischer Volksstücke angesehen, aber das berühmteste Stück ist die *Habanera*. Im Text heißt es, dass Carmen aus Havanna stammt. Und so hat sie nichts mit der Iberischen Halbinsel zu tun. Damals war die kubanische Musik stark von der afrikanischen inspiriert. Reden wir von dem intellektuellen Umfeld. Das Interessante, in musikalischer, aber auch in szenischer Hinsicht, ist gerade, dass es im 19. Jahrhundert ein musikalisches Dreieck gab, das Afrika, Kuba und Spanien verband und uns durch den Blick eines französischen Kulturkolonialisten, nämlich Georges Bizet, bekannt wurde. Anders als Verdi, der für die Arbeit an *Aida* die ägyptische Musik studiert hatte, muss Bizet etwas von diesem kulturellen Dreieck verarbeitet haben, das ihm besonders gefallen hatte.

Was haben Afrika, Kuba, Spanien und überhaupt der Süden unter anderem gemein? Die Wärme. Die Leidenschaft. Die Idee, dass Musik feurig sein muss. Ich will damit nicht behaupten, dass der Süden die Leidenschaft gepachtet hat. Man muss nur daran denken, wie viel Passion in Tschaikowskis Musik steckt. Doch in der russischen Musik – das habe ich von Mrawinski gelernt – verändert sich die Wärme, und dann gibt es Momente, in denen auch Kälte zum Ausdrucksmittel wird. Eine nicht weniger große, aber »eingefrorene« Leidenschaft. *Carmen* hingegen ist schon heiß, bevor der Vorhang aufgeht, und behält ihre hohe Temperatur für die weiteren drei Stunden, die sie dauert.

GIRARDI

Wie viel von dieser Wärme wird durch den Rhythmus hervorgebracht?

BARENBOIM

In *Carmen* gibt es sehr viel Rhythmus. Es ist ein Rhythmus, der viel mit dem Stolz der iberischen Kultur zu tun hat, nie ist es ein weicher Rhythmus. Ich glaube übrigens, dass die spanische Musik in *Carmen* oft zu schnell gespielt wird, denn jemand, der stolz ist, rennt nicht.

GIRARDI

Sie scheinen die erste Fassung von 1875 der späteren mit den gesprochenen Partien in Rezitativ-Form von Ernest Guiraud vorzuziehen. Warum?

BARENBOIM

Guirauds Rezitative sind sehr gut gemacht, doch sie geben der Oper ein bestimmtes Gewicht, eine etwas schroffe, dramatische, eher trockene Steigerung. Sowohl in *Fidelio* als auch in *Carmen* liegt mein Interesse darin, dass nichts Gekünsteltes vorkommt. Bei einem guten Regisseur stellt man erfreut fest, dass man im Theater ist, sobald die Musik aufhört. Man vergisst die Musik. Und einen Moment später genügen Worte nicht mehr, und es wird wieder Musik gebraucht. Es herrscht Spannung zwischen gesungener Musik und aufgesagten Texten (nicht gesungenen Worten), eine Spannung, die zunimmt. Zwei Dinge sind dafür notwendig: ein guter Regisseur, der in der Lage ist, die Natürlichkeit dieser Spannung am Leben zu erhalten, und Sänger, die sprechen können, eine gute Aussprache haben und vor allem ein *rubato* kennen, die genaue Intonation der Sprache. Ohne solche Sänger ist es besser, die Opernversion mit den Rezitativen von Giraud zu verwenden.

GIRARDI

Wer ist der Protagonist von *Carmen*? Bizet gibt dem Thema des Schicksals ein großes strategisches Gewicht, wie man an den entscheidenden Momenten der Handlung erkennt, und so scheint er der Meinung zu sein, das Schicksal sei der Protagonist. Was meinen Sie?

BARENBOIM

Die erste Oper, die ich dirigiert habe, war *Don Giovanni*, das war 1973. Im Saal war Dietrich Fischer-Dieskau, mit dem ich schon viele Konzerte gegeben hatte, und ich war natürlich neugierig, seine Meinung zu erfahren. Der große Bariton sagte zu mir, in *Don Giovanni* müsse man die ganze Zeit über das Messer an der Kehle spüren. Und dasselbe möchte ich über *Carmen* sagen: Man muss das Messer an der Kehle oder hinten am Rücken spüren. Das Thema des Schicksals ist fundamental, es ist ein Schicksal, das in Form von Angst oder Drohung zum Ausdruck kommt.

GIRARDI

Wir haben gesagt, dieses Werk enthält sehr viel Spanien. Aber es steckt auch viel Frankreich darin. Woher kommt das, außer durch die Sprache? Ist es die Klangfarbe, die Art der Orchestrierung?

BARENBOIM

Carmen enthält so viele Elemente. Vor allem den Rhythmus, den langsamen wie den schnellen. Dann wieder gibt es Momente starker Dramatik wie bei den Wagner-Opern, und es gibt harmonische Aspekte, die an Chopin erinnern. Doch der Zusammenhang zwischen dem Gewicht und der Farbe des Klangs ist ganz französisch. Es ist etwas typisch Französisches, etwas, was man schon in der Musik Rameaus und Couperins entdecken kann und das nicht übertragen werden kann, wie dies zum Beispiel bei der Musik von Bach oder Vivaldi möglich ist. Diese Linie der Farbgebung ist ganz französisch: Sie geht von Rameau und Couperin aus, über Berlioz, Bizet, Fauré, Franck, Debussy und Ravel reicht sie bis zu Boulez. Es ist eine Linie, die mit der Schnelligkeit, mit dem Tempo der Musik selbst verbunden ist. Ob das Tempo schnell ist oder zurückgenommen wird, die Dimension der Farbe wird immer bis ins Extrem ausgeweitet. Die Farbe der Franzosen ist wie die Perspektive in der Malerei. Etwas, wo die Dimensionen der Horizontalität, der Vertikalität und der Tiefe gemeinsam existieren. Wenn außerdem die Partitur so ausgeführt wird, wie es darin steht, gibt es nie Probleme mit dem Gleichgewicht zwischen Graben und Bühne, weil die Beziehungen zwischen Wort und Musik, zwischen Text und Klang perfekt kalkuliert sind.

Girardi

Wer sind die idealen Sänger für *Carmen*? Welche Typen von Sängern kommen darin vor?

Barenboim

Don José ist am schwersten zu finden, weil er eine gewisse Leichtigkeit haben muss. Er ist weder Ramses noch Tristan. Aber es gibt Momente, in denen er Gewicht haben muss. Und es ist nicht einfach, einen Tenor zu finden, dem es gelingt, Gewicht und Leichtigkeit zugleich zu haben. Der Part von Don José ist komplexer als der von Escamillo, so wie der von Carmen komplexer ist als der von Micaela. Auch *Carmen* braucht eine Art fast Mozart'scher Leichtigkeit, aber es gibt Momente, in denen Zerlina zur Isolde wird.

Girardi

Wie viele Opern haben Sie bis heute dirigiert? Welche sind Ihnen am liebsten? Und welchen Stellenwert nimmt *Carmen* bei dieser Klassifikation ein?

Barenboim

Ich mag immer die am liebsten, die ich noch dirigieren muss. Ich habe noch nicht so viele Opern dirigiert, etwa dreißig. Das ist nichts im Vergleich zu dem, was mein Freund James Levine gemacht hat, der mehr als achtzig dirigiert haben muss. Aber ich sehe mich nicht als Operndirigent. Opern zu dirigieren ist Teil meiner Arbeit ebenso wie das sinfonische und das pianistische Repertoire. Aber es ist nicht meine Hauptbeschäftigung.

Girardi

Es gibt Titel, die einen beim ersten Hören faszinieren, aber bei den nächsten Malen eher kaltlassen, und dann wieder Titel, die einen beim ersten Hören kaltlassen und einen immer mehr begeistern, je mehr man sie hört. *Carmen* ist der seltene Fall einer Oper, die einen gleich erobert und einen noch mehr begeistert, wenn man tiefer in sie eindringt. Meinen Sie nicht auch?

Barenboim

Da bin ich einverstanden. *Carmen* ist eine außergewöhnliche Mischung von Einfachheit und Unmittelbarkeit auf der einen Seite und Komplexität auf der anderen. Sie ist nicht nur das eine oder das andere. Und was Sie über die Oper sagen, gilt auch für die Inszenierung, die wir jetzt an der Scala machen werden. Ich hoffe, dass sie dem Publikum sofort gefallen wird. Und wenn sie gefällt, rate ich, sie mehr als einmal zu erleben, denn der Mensch kann Ohr und Auge nicht trennen. Und hier gibt es so viel zu hören und zu sehen. Wolfgang Wagner, der über fünfzig Jahre

Leiter des Festivals von Bayreuth war, pflegte zu sagen, dass man sich erst nach mindestens vier- oder fünfmaligem Besuch eine Meinung über eine Opernproduktion bilden kann.

Gespräch über die Walküre*

Girardi

Wir könnten bei der *Walküre* und dem *Ring des Nibelungen*, zu dem dieses Werk gehört, über eine so große Zahl von Themen reden, dass es schwer zu sagen ist, wo man anfangen soll ...

Barenboim

Dann fangen wir doch bei der Feststellung an, dass Wagner ein Genie war. Das wissen alle, auch diejenigen, die ihn hassen. Der Grund liegt darin, dass er immer Verbindungen zwischen Elementen hergestellt hat, die normalerweise nicht gemeinsam existieren können, wie Wasser und Feuer, Naturalismus und Symbolismus, Natürlichkeit und Manipulation: Dies gilt für die Musik, für das Theater, für das Denken. Bei Wagner findet sich ein permanenter Zusammenhang zwischen allen Dingen.

* Dieses Gespräch wurde am 22. November 2010 in der Aula der Katholischen Universität Mailand geführt. Anlass war die Aufführung der *Walküre* zu Beginn der Opernsaison 2010/11 an der Scala. An dem Gespräch nahm auch Guy Cassiers, der Regisseur der Produktion, teil.

Girardi

Liegt es an dieser »Manipulation«, dass man Wagner entweder liebt oder hasst und es kein Mittelmaß gibt?

Barenboim

Ganz sicher. Die Manipulation führt zu extremen Reaktionen. Waren Bach, Beethoven, Mozart oder Verdi keine Giganten? Ganz sicher waren sie es, aber warum gibt es überall auf der Welt Wagner-Gesellschaften, und warum gibt es nicht ebenso viele, die sich den anderen Komponisten widmen? Wagner ist so, als brauche er einen für sich allein und wolle einen zu seinem Anhänger machen.

Girardi

Aber wie geschieht diese Manipulation?

Barenboim

Nehmen wir die Orchestrierung. Wagner erfindet neue Klänge, zum Beispiel durch ein *unisono* von Trompete und Englischhorn. Das erzeugt eine besondere Wirkung. Bei diesem Zusammenspiel kann man nicht hören, was geschieht. Man hört weder die Trompete noch das Englischhorn heraus, aber zusammen haben sie einen erkennbaren und außergewöhnlichen Klang. Er lässt uns eine Art »Trompetenhorn« hören. Oder schauen wir auf die Dynamik. Bei Wagner sind die *crescendi* und *diminuendi* immer im Bezug auf die Zeit berechnet, denn ein *crescendo*, das vier Takte dauert, ist doppelt so langsam wie dasselbe *crescendo* über zwei Takte. Wagner kannte genau die Mathematik des Tempos in der Dynamik. Er lässt einen alle Zwischenstufen jeder dynamischen Variation hören. Und er nutzte diese »Mathematik«, um Klangsituationen zu schaffen, die seine Vorgänger nicht kannten. Deshalb hassen ihn diejenigen, die ihn nicht mögen. Sie spüren, dass diese Manipulation sie packt, fühlen sich als »Sklaven« seines Denkens und seiner Phantasie, was nicht der Fall ist, wenn sie Bach, Verdi oder Mozart hören. Bei diesen Komponisten geschieht dies nicht, weil es, wenn sie bestimmte Gefühle ausdrücken, so ist, als stellten sie sich auf die Seite des Zuhörers, als erklärten sie sie ihm.

Noch ein Beispiel? Nehmen wir den Text. Wir wissen alle, dass es wichtig ist, dass die Sänger verstehen, was sie singen. Das ist elementar. Aber bei Wagner genügt das nicht. Es genügt nicht zu wissen, wie die deutschen Wörter für »Tod« und »Liebe« heißen. Es genügt nicht, weil Wagner wie kein anderer den Klang der Silbe genau auf den Klang jedes Tons berechnet hat. Deshalb muss die Artikulation, die sehr lang oder sehr kurz sein kann, da das Deutsche sehr lange oder sehr kurze Wörter hat, genau passend gesungen werden, je nachdem, ob ein Wort nur eine Silbe oder sieben oder acht Silben hat. Eine weitere Art der Manipulation findet sich da, wo die klangliche Beziehung zwischen Konsonanten und Vokalen und die Alliterationen genutzt werden, wodurch ein bestimmter Klang entsteht – man denke nur an den Vorrang von Lauten wie »f« und »sch« in Wotans Monolog aus dem zweiten Akt der *Walküre*, die Klang und Bedeutung zugleich sind, weil der Klang genau die Vorstellung dessen wiedergibt, was die Person ausdrückt, oder dessen, was in diesem Moment geschieht.

All dies ist faszinierend, und wenn ich es in einem

Satz zusammenfassen soll, würde ich sagen, dass die Leidenschaft für Wagner daher rührt, dass seine Musik so komplex ist. Aber ich sage komplex und nicht kompliziert! Komplex in dem Sinne, dass er viele einfache Elemente auf eine Weise zusammenbringt, dass sie komplex werden, und um dies zu verstehen, muss man einen Weg finden, der rückwärts von der Komplexität des Ganzen zur Einfachheit der Elemente führt, die Teil des Ganzen sind.

Girardi

Wenn von Kontrapunkt die Rede ist, verschiedenen Elementen, die gemeinsam existieren, denkt man immer an die notwendige Transparenz, damit die einzelnen Elemente erkennbar werden. Aber oft verwechselt man den Begriff der Transparenz mit dem der Leichtigkeit, als hinge das eine vom anderen ab. Mir scheint, dass in Ihrem Verständnis von Wagner Transparenz Klang ist, Transparenz und Fülle keine gegensätzlichen Begriffe sind, sondern mühelos gemeinsam existieren ...

Barenboim

Ganz klar! Was Sie sagen, trifft das, was man auf Deutsch »Zeit und Raum« nennt, Zeit und Raum in einem bestimmten Tempo ...

Girardi

Aber wie existieren sie zusammen?

Barenboim

In Wien hat mich einmal der Archivar der Staatsoper

gefragt, ob es mich interessiere, die *Tristan*-Partitur zu sehen, nach der Mahler dirigiert hat, der, wie Sie wissen, einer der wichtigsten Wagner-Dirigenten war. Natürlich wollte ich das. Was mich am meisten beeindruckt hat, war, dass jedes Mal, wenn in der Partitur ein *crescendo* stand, Mahler es für einige Instrumente unterstrich, bei anderen löschte, je nachdem, welches Gewicht die Instrumente hatten. Wenn etwa eine Trompete mit der zweiten Flöte ein *crescendo* spielt, dann nimmt man das *crescendo* der Flöte nicht wahr. Mahler war nicht zufällig der erste Komponist, der in seinen Partituren eine eigene Dynamik für einzelne Instrumente oder Instrumentengruppen ausgezeichnet hat. Er hat also das Wagner'sche Konzept der Orchestrierung weiterentwickelt. Manche *unisoni* von Klarinetten und Bratschen zum Beispiel sind bezeichnend. Die Bratschen bewegen sich in vier Takten vom *pianissimo* zum *fortissimo*, und die Klarinetten, die gleichzeitig dieselben Noten spielen, bewegen sich umgekehrt vom *fortissimo* zum *pianissimo*. So erleben wir einen außergewöhnlichen Farbwechsel, ich würde fast sagen, einen Wechsel von Licht. Doch das Volumen bleibt dasselbe, weil dieselbe »geometrische Relation« aufrechterhalten wird. Auch die Art, in der Mahler die *diminuendi* von Wagner umsetzte, ist äußerst interessant. Wenn er in vier Takten vom *fortissimo* zum *pianissimo* gelangen musste, ließ er zuerst Trompeten und Posaunen leiser werden, dann die Hörner, danach die Klarinetten und dann die tieferen Instrumente, die man sonst nicht hört.

Er setzte Wagners Idee um, indem er jeden Effekt systematisch berechnete. Das zu sehen war für mich ein außerordentliches Erlebnis. Es scheint eine kleine Sache zu sein, weil jeder Dirigent, der ein wenig Gehör besitzt, weiß, dass die Trompete lauter klingt als die Flöte. Doch Mahler hat dies auf so rigorose und präzise Art getan, dass ich von ihm gelernt habe, was einer Aufführung Transparenz gibt, ohne dem Gewicht und dem Volumen des Klangs etwas wegzunehmen.

Girardi

Mahler ist also der Manipulator eines Manipulators.

Barenboim

Ja, aber warten Sie, ich habe da noch ein Beispiel. Wie oft schreibt Wagner *forte-subito piano*. Schon in den ersten Takten der *Walküre* kommt es vor. In so einem Fall setzt der größte Teil des Orchesters es mit einer Art natürlichem *diminuendo* um. Damit es aber schnell sein kann, ist dieses natürliche *diminuendo* nie genau ein *forte-subito piano*. Man muss also den Mut haben, sich an den Abgrund zu begeben, indem man den letzten lauten Ton noch deutlicher markiert und dann vor dem *subito piano* einen winzigen Einschnitt macht, den man in Wirklichkeit gar nicht hört, weil noch der Nachklang des letzten lauten Tons da ist. Wenn man es so macht, entsteht wirklich ein *subito piano*, weil dieses kleine *rubato* dem Spieler die Möglichkeit gibt, von viel Bogen zu wenig Bogen, von viel Luft zu wenig Luft überzugehen.

Auch das ist genau kalkuliert. Mit anderen Worten: Hätte Wagner eine Metzgerei gehabt, dann hätte er die besten Hamburger hergestellt, weil er genau gewusst hätte, wie viel Gramm Rind, wie viel Schwein und wie viel andere Zutaten er gebraucht hätte und wie man sie mischen muss. So machte er es mit dem Klang.

GIRARDI

Nach so viel Wagner an der Spitze von deutschen Orchestern sind wir jetzt mit der *Walküre* bei der dritten Wagner-Oper mit dem Orchester der Scala nach *Tristan* und *Rheingold* ...

BARENBOIM

Ja, aber das sind verschiedene Welten. In Deutschland neigen sie dazu zu denken, fälschlicherweise, dass Verdi immer Verdi ist, ob man nun *La Traviata*, *Nabucco* oder *Falstaff* spielt. In den Ländern außerhalb Deutschlands denkt man, Wagner sei immer dasselbe. Es ist aber nicht so. Die einzelnen Werke der Tetralogie sind sehr differenzierte Klangwelten. Wenn ich halb im Scherz auf andere Komponisten hinweisen kann, würde ich sagen, dass der zweite Akt der *Walküre* und manche Passagen der *Götterdämmerung* mich ein wenig an die Musik der Zeit nach Bruckner erinnern. Bei *Siegfried* denke ich an Berlioz; die leichteren Passagen aus *Rheingold* oder dem dritten Akt von *Götterdämmerung* erinnern mich - Wagner würde sich im Grab umdrehen - an Mendelssohn. Ich sage noch einmal: Es sind verschiedene Werke. Die Monumentalität der großen Momente der *Walküre* und noch mehr ihre Vorbereitung gibt es im *Rheingold* nicht, das man, glaube ich, als Unterhaltung betrachten kann. Weder *Rheingold* noch die *Walküre* müssen so brillant gespielt werden wie der erste Akt von *Siegfried.* Dann kommen wir zum Prolog der *Götterdämmerung* und glauben, wir sind in Notre Dame. Manche Momente des *Tristan*, vor allem im ersten Akt, scheinen die am wenigsten deutschen Passagen bei Wagner zu sein, man hört dort den Einfluss von Liszt, Berlioz und anderen. Man vergleicht immer den ersten Akt der *Walküre* mit dem zweiten des *Tristan*, weil es in beiden um das Thema Liebe geht, mit allem Elan und was dazugehört. Aber im zweiten Akt des *Tristan* geht es, wie Patrice Chéreau gezeigt hat, um das Thema Tod. Kurzum, es gibt nicht einen Wagner, sondern ganz viele, und das Orchester der Scala ist neugierig genug, sie alle zu vertiefen, einen nach dem anderen. Deshalb macht es so großen Spaß, mit diesem Orchester zu musizieren, mit dem ich immer neue Dinge entdecke.

GIRARDI

Bleibt die *Walküre* in jedem Fall das berühmteste Werk der vier Teile des *Rings*?

BARENBOIM

Es ist vermutlich das einzige, das man allein aufführen kann, auch unabhängig davon, dass es Teil des *Rings* ist.

GIRARDI

Guy Cassiers hat, als er über seine Inszenierung sprach, gesagt, im *Rheingold* müsse man Wasser und Metall zusammenbringen, in der *Walküre* seien Feuer und Wasser die wichtigsten Elemente, die als Symbole von Natur und Kultur gedacht seien. Er hat hinzugefügt, das Familiendrama, das sich in der *Walküre* vollzieht, könne als Spiegel des gesellschaftlichen und politischen Dramas im langsam zerfallenden Europa des 19. Jahrhunderts verstanden werden: ein Konflikt zwischen der Generation Wotans und den folgenden, vergleichbar mit dem heutigen zwischen den Kräften im Zentrum Europas, die ein geeintes Europa wünschen, und den Kräften am Rand, die fürchten, Europa könne zum Verlust ihrer Identität führen.

BARENBOIM

Das ist ein recht interessanter Gesichtspunkt, der mich hinsichtlich der Zukunft Europas pessimistisch stimmt. Während man einen Weg finden kann, dass Metall im Wasser existiert, ist es unmöglich, dass Holz im Feuer überlebt. Im Feuer brennt das Holz, und genau das geschieht gerade in Europa. Und wenn das Holz wirklich die Kultur ist, gibt es wenig Grund, sich zu freuen. Wir müssen wehrlos zusehen, wie schwach die europäische Politik ist, sie hat nie begriffen, wie man sich wirklich vereinen kann und welche gemeinsame Politik man gegenüber anderen Ländern wie den USA, China, Brasilien oder Indien betreiben kann. Das hängt damit zusammen, dass wir den Chinesen unsere Geheimnisse verkaufen, wie man Autos baut und viele andere Dinge (und sie, die es besser als alle verstehen, Dinge zu kopieren, stellen dann in drei oder vier Jahren ihre Versionen her, wesentlich billiger). Aber wir entwickeln unser Holz nicht, und deshalb verlieren wir es. Wir entwickeln unsere Kultur nicht, und deshalb verlieren wir sie, so dumm sind wir. Was Europa wirklich gemeinsam gehört, ist unsere Kultur.

Gespräch über Don Giovanni*

GIRARDI

In einer Woche werden Sie offiziell musikalischer Direktor der Mailänder Scala. Wie wirkt das auf Sie?

BARENBOIM

Wenn das Publikum applaudiert, bin ich zufrieden.

GIRARDI

Es ist nicht meine Aufgabe, Ihnen zu erklären, was für Scherereien Ihnen bevorstehen. Manchmal ist die Atmosphäre innerhalb und außerhalb des Theaters ein wenig hysterisch. Das wissen Sie, oder?

BARENBOIM

Ich mag das Wort »Hysterie« nicht besonders, sagen wir lieber »Erregung«. In Italien gibt es diese Erregung nicht nur an der Scala. Es ist eine Eigenschaft, die man überhaupt im Leben hier spürt. Und es ist eine eher italienische als romanische Erscheinung, denn in Spanien spürt man sie nicht und in Frankreich ebenso wenig. Sie

* Das Gespräch fand am 24. November 2011 in der Aula der Katholischen Universität Mailand statt. Anlass war die Präsentation der Aufführung von *Don Giovanni*, mit der die Opernsaison 2011/12 an der Mailänder Scala eröffnet wurde.

rührt daher, dass Italiener eine besondere Begeisterungsfähigkeit haben und eine bestimmte Art, den Sinn für das richtige Maß zu verlieren. Die Erregung kommt daher. Ich mag Erregung nicht besonders, aber besser Übertreibung als mangelnde Ausdruckskraft.

GIRARDI

Aber sind die Deutschen nicht ein bisschen eifersüchtig auf Ihre Arbeit in Mailand? Sie sind Direktor auf Lebenszeit der Berliner Staatskapelle, musikalischer Leiter der Staatsoper Unter den Linden. Fürchtet man dort nicht, vernachlässigt zu werden?

BARENBOIM

Das glaube ich, ehrlich gesagt, nicht. Es wäre anders, wenn ich die Aufgabe hier schon nach einem oder zwei Jahren Arbeit in Berlin übernommen hätte. Aber nach so vielen Jahren glaube ich es nicht. Das Berliner Publikum weiß außerdem, dass diese doppelte Aufgabe unter anderem bedeutet, dass wir mehr Koproduktionen machen werden. Wenn man von Koproduktionen spricht, denken die Leute immer, ihr Sinn sei es, bei den Inszenierungen zu sparen. Aber es geht nicht allein darum. Wenn man ein selten gespieltes Werk koproduziert wie zum Beispiel den *Spieler* von Prokofjew, engagieren sich die Sänger beim Studieren neuer Rollen mehr, da sie wissen, dass sie sie sowohl in Mailand als auch in Berlin singen.

Zweiter Vorteil: Wenn die Produktion gut ist (ist sie schlecht, vergisst man sie am besten gleich wieder), dann reift sie, während sie von einem Theater zum anderen, von einem Orchester zum anderen, von einem Chor zum anderen wandert, und erreicht eine Vollendung, die sie nach ein paar Aufführungen nicht haben kann. Das ist mir erst kürzlich klargeworden, als wir in Berlin die Oper *Aus einem Totenhaus* von Janáček aufgeführt haben, die in Wien entstanden war, hervorragend dirigiert von Pierre Boulez, und die dann in Holland, an der Met und eben auch an der Scala gespielt wurde. In Berlin hat sie Simon Rattle meisterhaft dirigiert. Aber inzwischen – das hat Patrice Chéreau gesagt, der Regie geführt hatte – hatte sich die Darbietung entwickelt, hatte sich weiter vollendet. Also, es kann Vorteile haben, an zwei Theatern zu arbeiten.

GIRARDI

Don Giovanni war die erste Oper, die Sie dirigiert haben, oder?

BARENBOIM

Sie ist nicht nur die erste, die ich dirigiert habe, sondern auch die erste, die ich als Kind erlebte. Wenn ich mich recht erinnere, habe ich in Buenos Aires viele Konzerte gehört – ich sehe Furtwängler vor mir, wie er die Matthäus-Passion dirigierte, Adolf Busch, der das Violinkonzert von Beethoven spielte –, aber keine einzige Oper. Meine Eltern waren Klavierlehrer und interessierten sich eher für Instrumentalmusik. Aber als sie nach Europa kamen, hatte ich das große Glück, mit elf Jahren Furtwängler vorzuspielen, der mich dann unter seine ...

Girardi

... unter seine Fittiche nahm?

Barenboim

Ja, aber ich wollte gerade sagen, dass er mich »unter seinen Schutz stellte«, doch das klingt schon sehr nach *Don Giovanni* ... Er hat mich zu den Proben eingeladen. So hatte ich das Glück, bei den letzten Proben und so vielen Aufführungen, wie ich wollte, neben dem Cembalisten zu sitzen. Das ist meine erste Erinnerung an *Don Giovanni*. Als ich ihn zum ersten Mal dirigiert habe, genau neunundzwanzig Jahre später, hatte ich beim Studieren der Partitur den Eindruck, sie schon auswendig zu kennen. Jedenfalls ist *Don Giovanni* die erste Oper, die ich gehört, und die erste, die ich dirigiert habe.

Ehrlich gesagt: Ich wollte keine Opern dirigieren und verstehe mich auch heute nach so vielen Jahren nicht als Operndirektor, noch weniger im traditionellen Sinn. Ich habe nicht den klassischen Werdegang zurückgelegt. Ich gehöre nicht zu denen, die als Korrepetitor an der Oper angefangen haben, als Pianist, der begleitet, als Vertretung, als Dirigent der Gruppen hinter der Bühne und dann als zweiter Dirigent oder als erster in kleinen Theatern und dann schließlich als erster an wichtigen Opernhäusern. Viele deutsche Dirigenten sind diesen Weg gegangen; Bruno Walter, Herbert von Karajan etwa, ich aber nicht.

Nach dreiundzwanzig Jahren als Pianist, Kammermusiker und Konzertdirigent wollte ich so weitermachen, bis mir eines Tages der Direktor des Edinburgh-Festivals, Peter Diamand, anbot, den *Don Giovanni* zu dirigieren. Ich war eher zurückhaltend. Er aber insistierte. Er sagte, von der Art, wie ich die Klavierkonzerte von Mozart spiele, sei der Übergang zu den Werken von Mozart und da Ponte das Normalste von der Welt. Ich lehnte weiterhin ab, bis er mir vorschlug, es mit meinem damaligen Orchester, dem English Chamber Orchestra zu machen. Als Dirigent einer Oper fehlte mir das Wissen, die »Logistik«, alle die Geheimnisse, die die deutschen Kapellmeister, die den Weg gegangen sind, den ich gerade beschrieben habe, perfekt kennen und es gewöhnt sind, jedes Werk mit wenigen Proben auf die Beine zu stellen. Dass ich mit einem Orchester arbeiten konnte, das ich kannte, und auch die notwendigen Proben bekam, um nicht nur die Logistik zu pflegen, sondern auch die tausend Feinheiten, die ein Werk wie *Don Giovanni* enthält, hat mich schließlich dazu gebracht, nachzugeben.

Girardi

In welchem Jahr war das?

Barenboim

1973. Aber darf ich erst mal mit der Geschichte fortfahren? Ich weiß, Sie wollen über ernste Dinge reden, aber lassen Sie sie mich zu Ende erzählen.

Nachdem ich die Aufgabe übernommen hatte, fragte mich der Direktor des Edinburgh Festivals, ob ich eine Idee hätte, welchen Regisseur man engagieren solle. Ich hatte keine Ahnung. Da machte Diamand mir den Vorschlag, darüber mit dem großen Schauspieler Peter Ustinov zu sprechen. Er hatte schon Musiktheater gemacht, doch seit einiger Zeit schien er interessiert, auch als Regisseur zu arbeiten. Wir verabredeten uns mit ihm und besuchten ihn in Lausanne, wo er uns an einem seltsamen Ort zum Essen einlud, einem Autogrill nämlich. Es war ein rustikaler Ort, auf den Tischen lagen Servietten aus Papier. Diamand begann das Gespräch, während Ustinov auf den Servietten herumkritzelte, und diese seltsame Unterhaltung – eigentlich ein Monolog von Diamand über die neue Produktion, die wir vielleicht zusammen machen würden – dauerte lange, bis Diamand schließlich fragte: »Und, würdest du es machen?« Da zeigte Ustinov die Servietten und antwortete: »Sieh mal, ich habe schon alle Kostüme gezeichnet.«

Er war wirklich ein Genie. Er hat mich bestens unterhalten, und ihm verdanke ich, alles verstanden zu haben, was die fröhliche Seite von *Don Giovanni* betrifft. Zu sehen, wie dieser superdicke Mann auf der Bühne Zerlina zeigte, wie sie sich bewegen sollte, mit der Eleganz eines kleinen Mädchens, das war filmreif und ganz großartig.

Girardi

Sie sagen, dass ich über ernste Dinge reden möchte, dabei möchte ich, ganz im Gegenteil, über komische Dinge reden. Oft nämlich wird vergessen, dass *Don Giovanni*, so tragisch auch die dramatische Aussage ist, in jeder Hinsicht eine Opera buffa ist. Struktur, Form, Typologie der Musiknummern, die Typologie der Personen und der Stimmregister: All das spricht dafür, dass es sich um eine Opera buffa handelt. Und doch wird *Don Giovanni* oft eher als »romantische«, schwarze, düstere, tragische Oper betrachtet. Wie stehen die Dinge Ihrer Meinung nach?

Barenboim

Das ist wahr, aber es geschieht, weil so viele Schriftsteller, Dichter und Philosophen (denken wir an Kierkegaard oder Camus, um nur die Ersten zu nennen, die mir in den Sinn kommen) *Don Giovanni* in einen Mythos verwandelt haben. Wir dürfen nicht vergessen, dass der Unterschied zwischen *Don Giovanni*, der *Hochzeit des Figaro* oder *Così fan tutte* darin besteht, dass *Don Giovanni* ein Mythos ist. Und das ist vielleicht der Grund, weshalb *Don Giovanni* mit Romantik und Tragik bemäntelt wird. Auf der Partitur steht *dramma giocoso*, »fröhliches Drama«.

Girardi

Das ist ja die Bestätigung dessen, was ich sagte, dass nämlich ein hoher Prozentsatz der komischen Opern des 18. Jahrhunderts diesen Untertitel trägt ...

Barenboim

Ja, das ist richtig, weil das Substantiv *dramma* nichts weiter bedeutet, als dass es sich weder um Lyrik noch um ein episches Werk, sondern um ein Stück für das Theater handelt. Dennoch glaube ich, dass Mozart, ein Österreicher, dessen Muttersprache Deutsch war, unter *dramma* etwas mehr verstand. Es ist kein Zufall, dass *Figaros Hochzeit* nicht diesen Untertitel trägt. Jedes Mal, wenn von objektiver Seite her gesehen die Situation komisch ist, so ist sie auf subjektiver Ebene tragisch. Und es gilt auch das Gegenteil: Ist die subjektive Lage komisch, so ist die objektive Lage tragisch.

Die berühmte Registerarie etwa, die Leporello singt, ist

der Inbegriff der Komik. Doch im selben Augenblick befindet sich die arme Elvira in einer tragischen Situation. Und deswegen ist es unter anderem ein großer Fehler, wenn das kleine Rezitativ, das zwischen »Giovinette che fatte l'amore« und dem Auftritt von Masetto und Zerlina steht, gestrichen wird, wie es in vielen Aufführungen geschieht, denn darin kommt Elviras ganzes Leid zum Ausdruck. 1994, als ich die Oper zusammen mit Chéreau aufgeführt habe, standen wir kurz davor, um die Sache auf den Punkt zu bringen, an dieser Stelle die Arie *Mi tradì* (»Er hat mich verraten«) einzufügen. Dann aber haben wir die Idee wieder aufgegeben, weil *Mi tradì* besser an späterer Stelle kommt, wenn Elvira zu ihrer Bitterkeit andere Dinge erfahren hat. Aber dass wir uns fast so entschieden hätten, spricht schon für sich.

GIRARDI

Wie sollte die Beziehung zwischen Arie und Rezitativ aussehen?

BARENBOIM

Allzu oft werden Arie und Rezitativ als voneinander getrennt betrachtet. Denken Sie an die Zeit, in der die Werke noch in rhythmischer Tradition aufgeführt wurden. Ich habe in Berlin eine *Così fan tutte* mit den Rezitativen in deutscher und den Arien in italienischer Sprache aufgeführt (eine exzellente Aufführung in der Regie von Ruth Berghaus). Beide Elemente waren vollkommen getrennt. Dies ist aber ein großer Fehler, weil es Momente gibt, in denen zwischen beiden eine Zäsur gemacht werden muss, doch es gibt auch andere, in denen Interaktion notwendig ist, in denen das Rezitativ linear und flüssig in das Musikstück »hineinschlittert«. In dem Rezitativ vor dem Duett *Là ci darem la mano* (»Reich mir die Hand«) heißt es zum Beispiel: »Quel casinetto è mio / là soli saremo/ et là gioiello mio / ci sposeremo« (dieses Häuschen gehört mir / und dort, mein Juwel, werden wir heiraten), und dann beginnt gleich die Nummer *Là ci darem la mano / là mi dirai di sì* (»Dort gibst du mir die Hand und sagst ja«). Dass dasselbe Lokaladverb *là* (»dort«) zweimal am Ende des Rezitativs und zweimal am Anfang des kleinen Duetts vorkommt, macht deutlich, dass hier der Übergang zwischen den beiden Elementen fließend sein muss.

GIRARDI

Im Singspiel, der deutschen komischen Oper oder der Opéra-comique, der französischen komischen Oper, taucht immer das Thema des Phantastischen auf: Zauberer, Hexen, Elfen, Kobolde, supranaturale Elemente. In diesen Opern hätte eine sprechende Statue keinerlei Sinn. Doch in der Tradition der Opera buffa, die von den realistischen Komödien Goldonis beeinflusst ist, ist sie durchaus effektvoll, oder?

BARENBOIM

Bis zur Friedhofsszene ist *Don Giovanni* ganz realistisch, nach drei Vierteln der Oper aber taucht in der Musik eine metaphysische Dimension auf, nämlich als die Statue des Komturs mit der Hauptfigur zu sprechen beginnt. Und dies macht es dem Regisseur nicht leicht. Es muss einen deutlichen Schnitt zwischen dem *Don Giovanni* bis zu dieser Stelle und dem *Don Giovanni* danach geben. Es ist wie im *Tristan*: Im ersten Akt, im zweiten Akt und in der ersten Hälfte des dritten ist alles, was geschieht, nachvollziehbar. Aber dann? Tristan stirbt an der Wunde, aber woran stirbt Isolde? An Isoldes berühmtem Liebestod ist nichts realistisch.

GIRARDI

Viele Regisseure lösen das Problem, indem sie entscheiden, dass alles ein Scherz ist, auch der Tod von Don Giovanni. Dieselben Regisseure lassen dann danach den Libertin gesund und munter wieder auf der Bühne erscheinen, während die anderen Figuren, überzeugt von seinem Tod, die Moral der Geschichte vortragen und sagen, nun sei das »Ungeheuer« nicht mehr da. Halten Sie das für eine dumme Lösung?

BARENBOIM

Absolut betrachtet nicht. Meiner Meinung nach kann man im Theater die verschiedensten Dinge machen. Man kann eine Geschichte naturalistisch, metaphysisch, symbolisch oder abstrakt darstellen, Hauptsache, man erzählt sie. Die Geschichte kann, das sage ich noch einmal, auf tausend Weisen erzählt werden, die nicht unbedingt konventionell sein müssen (zu Mozarts Zeiten gab es noch kein elektrisches Licht, doch das bedeutet nicht, dass wir ihn heute bei Kerzenschein aufführen müssen!), aber der Subtext des Regisseurs darf nicht den eigentlichen Text ersetzen.

Ob Don Giovanni wieder auftaucht oder nicht, ist meiner Meinung nach kein so wichtiges Problem. Taucht er nicht mehr auf, bedeutet es, dass er tot ist, taucht er doch auf, dann kommt die andere Seite der Medaille zum Ausdruck. Wenn ein Komtur aus Stein sprechen kann, kann man sich durchaus vorstellen, dass ein Mythos wie Don Giovanni nach seinem Tod zurückkehrt.

GIRARDI

Noch etwas möchte ich wissen. Donna Anna erzählt in dem Rezitativ, das ihrer Arie im ersten Akt vorausgeht, ihrem Verlobten Don Ottavio, was in dieser Nacht geschehen ist, also das, was wir in der ersten Szene der Oper sehen sollen. Angesichts der zahlreichen ambivalenten Elemente in Libretto und Partitur ist es mehr als legitim, sich die Frage zu stellen, ob sie die Wahrheit sagt, denn von der Antwort auf diese Frage hängt in vielfacher Hinsicht ab, wie man die Figur des Don Giovanni beurteilen soll, außerhalb der Perspektive von Anna. Ich glaube eigentlich, dass sie kaum Opfer eines sexuellen Überfalls ist, wie sie behauptet, sondern sehr einverstanden war.

BARENBOIM

Das meine ich auch. Es ist klar, dass sie nicht die Wahrheit sagt. Aber in der ersten Szene des ersten Aktes sagt uns die Musik nicht, ob sie verführt und betrogen worden ist oder einverstanden war. In der Musik ist davon überhaupt nicht die Rede. Und während sie von Qualen spricht, ist die Musik weiterhin eher leicht. So gehen an dieser Stelle Musik und Libretto in verschiedene Richtungen.

An anderer Stelle gehen sie Arm in Arm. In wieder anderen scheinen sie sich auf ambivalente Weise aufeinander zu beziehen, ich habe ein Beispiel dafür, auf das ich noch kommen werde. Aber auch solche Entscheidungen sind Teil der tausend Überraschungen dieser Oper. Man muss nur daran denken, wie sich manche harmonischen Subtilitäten mit der Doppeldeutigkeit da Pontes verbinden. Eine Doppeldeutigkeit, die Mozart, der gut Italienisch konnte, nicht nur begriffen, sondern noch überhöht hat.

GIRARDI

Ist *Don Giovanni* eine jener Partituren, deren Details, auch die kleinsten, genau respektiert werden und genau kalkuliert werden müssen, oder kann man sich bei der Aufführung einen gewissen Grad an Freiheit nehmen?

BARENBOIM

Wir müssen von der Voraussetzung ausgehen, dass Text und Musik untrennbar zusammengehören. Man kann den Text nicht ohne Musik verstehen, da die Musik den Schlüssel zum Verständnis der tausend Nuancen des Librettos darstellt. Wenn die Regisseure am Libretto arbeiten und die Musik vernachlässigen, kann aus der Inszenierung nichts werden. Die Musik erhellt den Text nach dem Buchstaben, aber auch nach dem Geist. Hier ist das erwähnte Beispiel: Als Don Giovanni sich an Elvira wendet und ihr sagt: »Elvira, idolo mio ...« (Elvira, mein Idol), liegt der Akzent nicht auf der ersten Silbe von *idolo*, sondern auf der zweiten, sodass es *idólo* heißen müsste. Lange habe ich gedacht, es sei ein Fehler in der Betonung, aber nein, Mozart war unfehlbar. Und dann habe ich dank der Sängerin Barbara Frittoli begriffen, dass es sich um einen bewussten Fehler handelt, der die Ironie hervorhebt, mit der Don Giovanni sich über sie lustig macht.

GIRARDI

Im Vorspiel zu der Arie *Vedrai carino*, die Zerlina im zweiten Akt für Mazetto singt, taucht eine musikalische Figur mit einem Vorschlag auf, aber fast alle Musiker spielen diesen Vorschlag sehr kurz, weil sie so besser hinkommen, wenn der Sopran beginnt, dasselbe Motiv zu singen. So scheint es natürlicher. Ich wiederhole meine Frage in Bezug auf dieses Beispiel: Muss die Partitur buchstabengetreu befolgt werden, oder kann man sie mit einem vernünftigen Grad Freiheit ausführen?

BARENBOIM

Ich nehme den kurzen Vorschlag, weil er besser zum Text passt, er ist besser »in der Zeit«. Ich bin jedoch kein Fundamentalist, wenn es einen Grund gibt, ihn *sul tempo* zu spielen, dann tue ich das; findet sich ein Grund, ihn vorher zu setzen, dann mache ich es.

GIRARDI

Eine Frage: *Don Giovanni* ist eine Oper, bei der viele Dirigenten, viele Regisseure und viele Sänger nicht ihr Bestes gegeben haben. Ich will nicht alle aufzählen, aber Sie wissen, das würde viel Zeit in Anspruch nehmen. Warum geschieht das?

Barenboim

Es ist keineswegs so, dass Dirigenten und Regisseure bei *Don Giovanni* nicht ihr Bestes geben, doch diese Oper aufzuführen ist im Vergleich zu anderen besonders schwierig. Für den Regisseur stellt sie ein fast unlösbares Problem dar. Er trifft eine Entscheidung, die richtig scheint, dann muss er dafür büßen, weil er ein bestimmtes Konzept verfolgt, wodurch ihm ein anderes entgeht. Auch für den Dirigenten ist es sehr schwer, weil dauernd das humoristische und das tragische Element zusammenkommen.

Mozarts Größe ist einzigartig. Mozart ist so genial, so einmalig, weil er keinerlei Übertreibung gestattet. Übertreibungen sind nie richtig, doch die Musik von Mahler, Tschaikowski und Beethoven hält sie aus. Wenn man bei Mozart etwas betonen will, schadet man der Sache, weil man die Natürlichkeit, Einfachheit und Spontaneität beeinträchtigt. Anders ausgedrückt: Mozart sagt die komplexesten und tiefsinnigsten Dinge auf die einfachste Art.

EPILOG

Zur Erinnerung an Dietrich Fischer-Dieskau *

Es gibt in der Geschichte zahlreiche außergewöhnliche Komponisten, deren Werke wir schätzen, und doch haben sie keinen bedeutenden Einfluss auf die Entwicklung der Musik ausgeübt. Nur eine begrenzte Zahl von Komponisten hat es verstanden, alles, was es bis zu ihrer Zeit in der Musik gegeben hatte, zusammenzufassen und den Weg für die Zukunft zu bereiten: Bach, Schönberg, Wagner und Beethoven sind denkwürdige Beispiele eines gleichen revolutionären Geistes. Bei Interpreten ist die Situation ähnlich.

Dietrich Fischer-Dieskau war einer jener revolutionären Künstler. Er begann mit vierundzwanzig Jahren, was damals in der Musikwelt ganz ungewöhnlich war. Dort herrschte im Vergleich zu heute ein stereotypes Denken. Es galt als abgemacht, dass sich ein Sänger entweder der Oper oder dem Liedrepertoire widmete, aber selten beiden. Dietrich Fischer-Dieskau riss diese Barriere ein und zeichnete sich in verschiedenen Musikgenres aus. Er sang ohne Vorbehalte Mozart- und Verdi-Opern ebenso wie Oratorien, Lieder und zeitgenössische Partien wie den »Lear« von Reimann. Heute scheint es ganz selbstverständlich,

* Mai 2012

dass große Interpreten sowohl Opern als auch Lieder singen, doch Dietrich Fischer-Dieskau hat damit angefangen.

Mit zehn Jahren erlebte ich in Wien sein erstes oder vielleicht zweites Konzert. Ich hatte nie etwas Ähnliches gehört und war völlig hypnotisiert.

Seine größte künstlerische Errungenschaft liegt vielleicht darin, dass er eine Antwort auf die ewige Frage gegeben hat: »Was ist wichtiger, die Musik oder das Wort?«, denn er hat gezeigt, dass diese Frage überflüssig ist. In seinen Darbietungen hat er es wie nur wenige vor und nach ihm verstanden, eine Einheit von Text und Musik zu schaffen. Er legte den Akzent auf die Diktion und gab den Worten Gewicht, indem er das Timbre eines Tons, der mit dem Wort zusammenkam, variierte. Auf diese Weise machte er nicht nur den Sinn des Wortes deutlich, sondern erreichte zugleich, dass jede Silbe und jeder Ton zusammenklangen und eine Harmonie und Farbe entstand, die andere nie erreicht haben.

Nehmen wir als Beispiel das Wort *morte* (»Tod«); er sprach es nicht nur auf ganz besondere Weise aus (er war sich der Außerordentlichkeit dieses Wortes bewusst), sondern wusste auch, welche Farbe er für den Ton wählen musste, auf dem das Wort gesungen wurde. Mit seinem besonderen Talent schuf er eine neue Dimension des Verstehens von Texten.

Ich habe aus unserer fünfundzwanzigjährigen Zusammenarbeit viel gelernt. Er öffnete mir Augen und Ohren für Brahms, Liszt und besonders Hugo Wolf. Dank der gemeinsamen Arbeit an Wolf gewann ich ein besseres Verständnis für Wagner und Verdi. Fischer-Dieskau ebnete mir den Weg, präzise und pünktlich mit Sängern zu arbeiten. Unsere Gemeinschaft war für mich ein Meilenstein und wird es für immer bleiben.

Er war auch der erste deutsche Künstler, der in Israel auftrat und - was vielleicht noch wichtiger war - der erste, der ein Konzert in deutscher Sprache sang, denn bis dahin war die 9. Sinfonie von Beethoven dort immer nur auf Englisch gesungen worden. Seine unverwechselbare Kunst gab der deutsch-jüdischen Bevölkerung in Israel die Möglichkeit, die deutsche Sprache in der Musik wieder zu schätzen.

Uns verband eine ganz besondere Freundschaft, und wenn ich ihn in den letzten zwanzig Jahren auf der Bühne vermisst habe, ist sein Verlust heute für mich ein wahrer Schmerz.

Verdianischer Epilog *

Meine ersten musikalischen Erfahrungen haben alle mit der Tradition Mitteleuropas zu tun, denn mit ihrem Repertoire habe ich meine Ausbildung gemacht: Bach, Haydn, Mozart, Beethoven, Schubert, Schumann, Brahms, Dvořák, Wagner, Bruckner, aber auch Zeitgenossen wie Strawinsky, Bartók, Prokofjew und Schostakowitsch.

In der Folge, in den fünfziger und sechziger Jahren, beschloss ich dann, meinen musikalischen Horizont zu erweitern und mich auf andere Gebiete zu begeben: Chopin, Liszt, die »neue Musik« der Zweiten Wiener Schule (Schönberg, Berg, Webern), die bis dahin wenig gespielt worden war, eigentlich nur auf Festivals zeitgenössischer Musik, und die romanische Musik der Spanier wie Albéniz und de Falla, der Franzosen und Italiener, besonders Verdi.

Ich erinnere mich, dass ich beim ersten Studium von Verdis Partituren deren Größe nicht gleich erkannte, weil ich den Eindruck hatte, ich hätte es mit einfacher Musik zu tun. Nicht auf natürliche Weise einfach wie die von Mozart, sondern grundlegend einfach, um nicht zu sagen »primitiv«. Ich verstand auch nicht, warum es hieß, es sei schwierige Musik für das Klavier – heute verwende ich

* September 2012

ein Wort, das ich eigentlich nicht mag – für die Interpretation. Vielleicht entging mir etwas. Als ich in den siebziger Jahren in Paris mit den Proben für mein erstes Requiem begann, fragte ich mich, was ich tun sollte, damit die Musik in ihrer ganzen Kraft und Schönheit zum Ausdruck kam, weil sie mir eher elementar erschien. Ich spürte, dass ich einige Dinge ändern musste, die mir ganz selbstverständlich erschienen, mit anderen Worten, ich konnte Verdi nicht so spielen wie die Musik anderer Traditionen. Mir wurde bewusst, dass Verdi wie Debussy in Frankreich bewusst nach einer Alternative zur Musik Mitteleuropas gesucht hatte. Er kannte, respektierte und mochte die Komponisten Mitteleuropas, zugleich jedoch schuf er eine andere Sprache als sie: eine Sprache, die auf anderen Voraussetzungen beruht und eine andere Art der Strenge in der Ausführung verlangt als die, die man für einen guten Beethoven oder Wagner braucht.

Ich begriff dies, als ich ein paar Aufnahmen der *Messa da Requiem* mit Toscanini, De Sabata und Serafin hörte, die sich voneinander unterschieden – genau wie die Aufführungen deutscher Musik durch Klemperer, Furtwängler oder Walter –, doch ein grundlegender Aspekt war ihnen gemeinsam. Und das ist der Punkt: Rhythmische Genauigkeit ist in der ganzen Musik unbedingt notwendig, denn der Rhythmus ist das erste Element, das ihren Charakter bestimmt, doch bei Verdi kommt noch eine bestimmte Art Genauigkeit im Rhythmus hinzu, das Verhältnis von Rhythmus und Tempo ist bei ihm anders als in der Musik Mitteleuropas. Furtwängler sagte, Flexibilität im Tempo sei notwendig, um das wahre Melos der Musik zum Ausdruck zu bringen. Und diese so gut wie dauernde Flexibilität im Tempo sei nicht nur eine Möglichkeit, sondern unbedingt notwendig.

In der deutschen Musik wird diese Flexibilität vor allem durch die harmonischen Bewegungen bestimmt, während sie bei Verdi vor allem von der Melodie ausgeht, die eine andere Beziehung von Rhythmus und Tempo erfordert. Dieser Aspekt macht bei der Ausführung der Musik eine viel größere Genauigkeit im Tempo notwendig, weil bei fehlender Genauigkeit der Freiheit des melodischen Ausdrucks Kraft und Raum genommen werden. Aber die Melodie ist das Herz dieser Musik. Dieser Aspekt lässt Verdi auf den ersten Blick »einfacher« wirken als die Deutschen, denn in der tonalen Musik ist die Harmonie »stärker« als die Melodie und noch stärker als der Rhythmus. Ich will damit sagen: Wenn man sechsundvierzig Takte mit derselben Harmonie spielt und sie sich im siebenundvierzigsten ändert, dann hat dieser siebenundvierzigste Takt eine Ausdruckskraft, die sechsundvierzig Mal größer ist als die der vorherigen. Und nichts kann diesen Unterschied von so besonderem Gewicht so klar zum Ausdruck bringen wie eine passende Flexibilität im Tempo. Harmonie erzeugt lange und dauernde Übergänge, die weite und großzügige Flexibilität im Tempo erfordern, die Melodie aber lässt nur kleine *rubati* zu. Die Melodie lässt keinen Raum für Übergänge, sie verlangt die Art von Flexibilität, die in einem Augenblick enthalten ist, und erfordert mehr Strenge bei Einhaltung des Tempos.

Diese Erkenntnis hat sich bei mir nach und nach entwickelt. Ich erinnere mich an die Linearität der Phrasierung und Klarheit des Ausdrucks von Pavarotti, als wir 1982 in Berlin *Aida* aufgeführt haben. Ich erinnere mich, mit welcher Natürlichkeit er diesen Verdi-Stil verkörperte, nach dem ich suchte. Und ich erinnere mich an die Intelligenz und den Einfallsreichtum von Domingo – für mich ist er bis heute ein besonderes Beispiel für den Verdi-Stil –, als wir das Requiem besprachen: Er wusste genau, wann und wie man frei und flexibel im Ausdruck und den Farben sein musste und zugleich die notwendige Genauigkeit im Tempo wahren konnte. Ich glaube, dass diese Fähigkeit Ausdruck großer Demut ist, weil die Musik nicht die geringste Demagogie gestattet, zugleich aber ein Maximum an Persönlichkeit erfordert. Nach allem ist der Persönlichkeitskult weniger gravierend als der des Anonymats.

Auf dem Weg zu Verdi und seiner Welt habe ich gelernt, wie ich mich gegenüber seinem Zeitmaß verhalten muss. Oft schreiben Komponisten Tempi auf, die schneller sind als notwendig, weil sie das Gewicht des Klangs, den sie schaffen, noch nicht vor sich haben. Vor ein paar Jahren, als wir in Chicago die siebte von Pierre Boulez' *Notations* probten, sagte ich zu ihm, das angegebene Tempo erscheine mir zu schnell, um alle Transparenz und Dichte seiner Musik zum Ausdruck zu bringen. Ich wies ihn darauf hin, und er bat mich, mit dem Metronom zu zeigen, was ich spürte, um am Ende der Proben eine Entscheidung zu treffen. Er hatte natürlich recht, denn die Entscheidung über das Tempo ist die wichtigste, die ein Musiker treffen muss, aber erst nachdem er den Klang gründlich studiert hat, die richtige Proportion zwischen Dichte und Transparenz. Aber wie war es möglich, dass sich ein Komponist von so hohem Niveau wie Boulez, mit so viel Erfahrung auch beim Dirigieren, sich im Zeitmaß »vertat«? Er sagte es mir selbst und ziemlich à la française: »Wenn ich schreibe, koche ich mit Wasser, wenn ich dirigiere, koche ich mit Feuer!«

Um wieder auf Verdi zurückzukommen: Zeitangaben sind nicht heilig. Was aber heilig sein muss, sind die Beziehungen zwischen den Tempi. Das *Sanctus* im Requiem etwa, das so brillant ist, wird fast immer schneller gespielt als das *Libera me*, das so dramatisch ist, doch das ist ein Fehler, weil das Zeitmaß des ersteren 104 beträgt und das des zweiten 116. Es spielt keine Rolle, ob man bei dem einen 96 und beim anderen 106 nimmt, aber entscheidend ist, dass die Relation beachtet wird. Es ist keine emotionale, sondern eine mathematische Frage. Dasselbe gilt für *Requiem aeternam* und das *Dies irae*, Stücke, bei denen das Metronom 80 vorschreibt. Es ist nicht wichtig, ob man sich genau an 80 hält, doch es ist von grundlegender Wichtigkeit, dass die Beziehung aufrechterhalten wird, obwohl der Charakter und die expressive Atmosphäre der beiden Teile, der eine so nachdenklich, der andere so kraftvoll, so verschieden ist, dass es schon antithetisch scheint. Was ich über das Tempo denke, gilt auch für die Dynamik, denn man muss mathematisch berechnen, in welcher Zeit und in wie viel Takten der Wechsel vom *piano* zum *forte* vollzogen werden soll.

Da es um italienische Musik geht, in der die Melodie ein so entscheidender Parameter ist, fragen mich viele, wie viel Freiraum den Sängern zu geben ist. Ob es besser ist, die Freiheit zu atmen und zu phrasieren, zu unterstützen oder sie im *tempo giusto* zu halten. Ich antworte dann, dass man streng mit jenen sein muss, die dazu neigen, sich zu große Freiheiten zu nehmen, und liberal gegenüber jenen, die nicht die Phantasie haben, es zu sein.